Friedrich Koldewey

Heinz von Wolfenbüttel

Ein Zeitbild aus dem Jahrhundert der Reformation

Friedrich Koldewey

Heinz von Wolfenbüttel
Ein Zeitbild aus dem Jahrhundert der Reformation

ISBN/EAN: 9783743389465

Hergestellt in Europa, USA, Kanada, Australien, Japan

Cover: Foto ©ninafisch / pixelio.de

Manufactured and distributed by brebook publishing software (www.brebook.com)

Friedrich Koldewey

Heinz von Wolfenbüttel

Heinz von Wolfenbüttel.

Ein Zeitbild

aus dem Jahrhundert der Reformation.

Von

Prof. Dr. Friedrich Koldewey,
Direktor des Herzogl. Gymnasiums zu Holzminden.

Halle 1883.
Verein für Reformationsgeschichte.

Herrn Schulrat

Professor Dr. A. Eberhard

zu Braunschweig

ein Zeichen

aufrichtiger und dankbarer

Verehrung.

Vorwort.

Wie wahr es sei, daß die erregte Parteileidenschaft eine gerechte Beurteilung des Gegners, wenn nicht geradezu unmöglich macht, so doch in hohem Maße erschwert, ist zu keiner Zeit deutlicher zu Tage getreten als in dem Jahrhundert der Reformation, in dem wie nie zuvor die kirchlichen, politischen und sozialen Gegensätze auf einander stürmten. Welch wüste Flut von Schmähungen haben die Päpstlichen über die evangelische Partei ausgeschüttet, in wie falschem Lichte haben sie die Reformatoren und vor allen Luther dargestellt! Andererseits sind aber auch die Protestanten von dem Vorwurfe nicht freizusprechen, daß sie für die Würdigung ihrer Gegner nicht immer den richtigen Maßstab gefunden haben, und gerade Luther ist oft genug selbst mit übergroßer Heftigkeit auf seine Widersacher losgefahren.

Von allen Protestantenfeinden ist keiner mit größerem Eifer von den Evangelischen angegriffen als Herzog Heinrich der Jüngere von Braunschweig-Wolfenbüttel. Wollte man dem Urteil seiner Gegner, wollte man namentlich den zahlreichen Flugschriften Glauben schenken, die in den vierziger Jahren des 16. Jahrhunderts gegen diesen Fürsten ausgegangen sind, so müßte in ihm vereinigt gewesen sein, was nur immer an Bosheit und Tücke sich ersinnen läßt. Und doch war er nicht schlechter als die meisten seiner Standesgenossen, und neben seinen Schwächen lagen sehr lobenswerte Eigenschaften, wie sie selbst bei seinen Gegnern nicht allzu häufig waren.

Ohne Zweifel ist das Bild, das die protestantischen Flugschriften von dem Herzoge entworfen, in der Zeichnung schief, im Kolorit übertrieben. Es ist nicht der historische Heinrich der Jüngere, nicht der ritterliche, heißblütige, scharfblickende, thatkräftige, bei allen seinen Fehlern Achtung gebietende Welfenherzog, wie ihn eine gerecht abwägende Geschichtsschreibung darstellen wird, sondern es ist der wilde Feind des Evangeliums, vor dessen Grimm die protestantischen Zeitgenossen erzittern, dessen Frevel sie verdammen, dessen Flucht sie verhöhnen, über dessen Niederlage sie frohlocken. Spott und Schadenfreude haben bei diesem Bilde die Farben gemischt, Furcht und Haß den Pinsel geführt.

Bei alledem ist dieses Bild auch für unsere Zeit nicht ohne Interesse. Er läßt die Gährung erkennen, welche in jenen Jahren die deutschen Gemüter in ihren innersten Tiefen aufwühlte, es zeigt die Spannung, mit der die großen Prinzipien einander gegenüber standen, es erklärt, entschuldigt und rechtfertigt gar manches, was gerade in unsern Tagen eine tendenziöse Historik als unberechtigt, tadelnswert und verdammungswürdig hinzustellen sich abmüht. Vor allem ist es das harte Urteil Luthers über Herzog Heinrich, das durch dieses Bild begreiflich wird.

Von diesem Gesichtspunkte aus hofft der Verfasser keine ganz nutzlose Arbeit zu beginnen, wenn er es unternimmt, die Entstehung dieses Bildes begreiflich zu machen, seine subjektive Richtigkeit nachzuweisen, seine Übertreibungen und Verzerrungen auf das rechte Maß zurückzuführen.

Die erfinderische Leidenschaft der Gegner hat Herzog Heinrich mit einer Fülle von Spottnamen überschüttet, keiner war ihnen geläufiger als „Heinz von Wolfenbüttel". Das der Grund, weshalb auch diese Blätter den Welfenherzog mit diesem Namen nennen.

Inhalt.

	Seite
1. Herzog Heinrich und die Reformation	1
2. Der Reichstag zu Regensburg. 1541	11
3. Heinrichs Flucht, Rückkehr und Gefangenschaft. 1542—1545	41
4. Schluß. 1547—1568	66
Anmerkungen	70

I.
Herzog Heinrich und die Reformation.

Fünf und zwanzig Jahr zählte Herzog Heinrich der Jüngere¹, als ihm der plötzliche Tod seines Vaters die Regierung des kleinen Fürstentums Braunschweig-Wolfenbüttel in die energischen Hände legte, acht und zwanzig, als Luther seine Thesen gegen den Ablaß an die Thür der Schloßkirche zu Wittenberg heftete.

Der Wolfenbüttelsche Hof, an dem der junge Herrscher aufgewachsen war, unterschied sich in nichts von den meisten deutschen Fürstenhöfen jener Zeit. Rohe Kriegsgesellen, denen von der alten deutschen Achtung vor Frauentugend so gut wie nichts geblieben war, verbrachten die Zeit zwischen den zahlreichen Fehden und Heereszügen bei Becher und Würfelspiel; rechtskundige Räte und gewiegte Kanzler, wohl erfahren in den Kniffen und und Schlichen einer ränkevollen und hinterhaltigen Politik, scheuten kein Mittel, um die verwickelten Rechtshändel ihrer gnädigsten Herren durchzusetzen; daneben eine Priesterschaft, nur allzu bereit, fremde wie eigene Sünde mit dem Spruche der Absolution zu tilgen.

In dieser Umgebung hatte der feurige und thatkräftige Fürst von Wissenschaft wenig in sich aufgenommen; seine ungelenken Schriftzüge beweisen, daß seine Hand besser mit dem Schwerte als mit der Feder umzugehen verstand. Herr seiner selbst zu sein, hatte er nicht gelernt, und nur zu oft folgte er der Leidenschaft des Augenblicks, wenn es sich um die heißen Wünsche seiner Sinne oder um die Befriedigung seiner Rache handelte.

das fremde Recht gegen das eigene gewissenhaft abzuwägen, war ihm ebensowenig wie den meisten seiner Standesgenossen eigen. An Schärfe des Blicks, an kluger Berechnung, an praktischem Sinn fehlte es ihm nicht; aber der Sitz im Sattel war ihm lieber als die Bank in der Ratsstube, und leicht war er geneigt, die oft sein angesponnenen diplomatischen Fäden mit raschem Schwerte zu durchhauen. Das Glück des Familienlebens hatte wenig Reiz für ihn, die ruhige und geordnete Verwaltung seines Ländchens befriedigte nicht sein unstätes Gemüt. So haben ihn denn Kriegsfehden und diplomatische Händel mancherlei Art viel in die Fremde gezogen, und sehr bezeichnend für seinen Charakter und sein ganzes Leben und Streben ist es, daß er selbst die Worte „Meine Zeit mit Unruhe" zu seinem Wahlspruch gemacht hat.

Bei einem solchen Charakter und einer derartigen Gestaltung des Lebens darf man sich nicht wundern, daß die Religion in dem Gemüte des Fürsten keinen tiefen Boden gewann. Sein Christentum ist in den Jünglings- und Mannesjahren über das gewohnheitsmäßige Mitmachen der hergebrachten Formen und Übungen nicht hinausgegangen. Sein Respekt vor der Geistlichkeit war nicht groß, und die Pfaffen und Mönche in seinem Lande hörte man klagen, „ihr Herr sei gut papistisch", aber lasse bei ihnen hinwegholen, was sie nur erkrimmen und erkratzen, und lasse ihnen nicht viel mehr als das bloße Klingen und Singen.² Für die Kontroversen der Theologen, die „Pfaffenhändel", fehlte ihm Interesse und Verständnis. Auf dem Reichstage zu Augsburg billigte er die Forderungen der Protestanten in betreff der Priesterehe und des Abendmahls unter beiderlei Gestalt, und man hörte ihn sagen, „wegen der Nießung des Sakraments unter beiderlei oder einer Gestalt, wegen der Privatmessen oder der Pfaffenweiber, oder dergleichen Sachen halber, die sich in die Gewissen zögen, dazu wolle er ungern ein Pferd satteln; aber die Mönche überließen kaiserliche Majestät und forderten Herausgabe der Klöster und Klostergüter. Dem Kaiser müsse er und die anderen Fürsten gehorchen"³.

Die letzten Worte enthalten den hauptsächlichsten Grund für die religiöse Parteistellung des Herzogs. Bei einer fast vollständigen Gleichgültigkeit gegen Dogma und Konfession ist es die Rücksicht auf den Willen des Kaisers, die ihn unter die Gegner Luthers gestellt hat, eine Rücksicht, die in einer ererbten Anhänglichkeit an das habsburgische Kaiserhaus und in politischer Klugheit und Berechnung zwei gleich starke Wurzeln hatte. Der väterliche Oheim des Herzogs, Erich der Ältere von Kalenberg, war der treue Freund und Waffengefährte des ritterlichen Kaisers Maximilian gewesen; Heinrich selbst verdankte der Gunst des fünften Karl die Hälfte des hildesheimschen Stiftsgebiets, und nur diese Gunst war im Stande, den wertvollen Besitz ihm zu sichern. So finden wir denn in ihm allewege einen eifrigen Vasallen der habsburgischen Politik, und wohl zu keiner Zeit hat er ernstlich an einen Widerstand gegen dieselbe gedacht, am wenigsten, wenn es um die kirchlichen Wirren sich handelte. Hier ist er nichts als der getreue Dienstmann des kaiserlichen Gönners, und fast möchte man an der größeren oder geringeren Strenge seiner gegen die Lutherischen erlassenen Edikte ermessen, ob an den Höfen von Madrid und Wien dunkle Wetterwolken gegen die protestierenden Stände sich aufstürmten, oder ob ein milderer Lufthauch dort die Atmosphäre durchwehte. Hätte auf dem Reichstage zu Worms der Kaiser sich für den Bruder Martinus erklärt, so hätte wohl kein Fürst früher als Heinrich die Meßpfaffen aus seinem Lande verjagt. Nachdem aber des Kaisers Acht den Wittenberger Mönch getroffen, zögerte der Herzog nicht, seinen Unterthanen bei peinlicher Strafe die Teilnahme an der Martinischen Ketzerei verbieten zu lassen[4].

Bestärkt wurde Herzog Heinrich in seiner feindlichen Stellung zu der Reformation durch die revolutionären Bewegungen, die in jenen Zeiten allerorten unter Bauern und Bürgern sich regten und der fürstlichen Gewalt Schädigung, wenn nicht den Untergang drohten. Ein unbefangenes Urteil wird zwar in den Wirren des Bauernkrieges nichts als den naturgemäßen Rückschlag jahrhundertelanger Bedrückung und Rechtlosigkeit der Landbevölkerung erkennen; aber einem Fürsten, der nicht gewohnt war, nach dem tieferen Grunde der Erscheinungen zu fragen, und dessen Blick von dem Interesse für die Erhaltung seiner Macht beeinflußt wurde, darf man es nicht allzusehr verargen, wenn er für die soziale

Revolution keinen andern als Luther verantwortlich macht, dessen kühnes Wort von der Freiheit der Christen wie ein Funke in die längst über und über gefüllte Mine gefallen war. Mit großem Eifer hat Herzog Heinrich zu der Unterdrückung Münzers und seiner zügellosen Haufen mitgeholfen, wenige Wochen nachher schloß er zu Dessau mit Georg von Sachsen und Albrecht von Mainz einen Vertrag, dem weiteren Umsichgreifen der Neuerungen auf kirchlichem und sozialem Gebiete ein kraftvolles Halt zu gebieten[5]. Was zehn Jahre später in Münster geschah, war wenig geeignet, seine Abneigung gegen die kirchliche Reformbewegung zu vermindern.

Weiteren Anlaß zur Erbitterung gegen den Protestantismus boten die Städte Braunschweig und Goslar.

Die alte Hansastadt Braunschweig gehörte nicht zu den freien Städten des Reiches, sondern war eine Landstadt des welfischen Fürstenhauses. Aber in kluger Benutzung der Umstände hatten die freiheitslustigen Bürger ihren Landesherren ein Recht nach dem andern abgewonnen und oft genug ihre Freiheiten mit gewaffneter Hand siegreich zu verteidigen gewußt. Heinrich wollte den Stolz der Bürger brechen, und es mehrte seinen Zorn, als seinem entschiedenen Verbote entgegen der Rat der ehrbaren Stadt unter dem Druck und Drängen der demokratischen Zünfte im Jahre 1528 der neuen Lehre die Thore öffnete.

Zu gleicher Zeit zogen auch in der alten Reichsstadt Goslar die lutherischen Prädikanten in die von den Papisten verlassenen Gotteshäuser ein. Jahre lang schon hatte der Herzog in Folge von Streitigkeiten um Berg- und Waldgerechtsame mit den Städtern in Fehde gelegen. Bald nach seinem Regierungsantritt hatte er sich gewaltsam in den Besitz des silberreichen Rammelsberges gesetzt und war trotz eines Restitutionsbefehls des Reichskammergerichts nicht aus demselben gewichen, hatte vielmehr vor den Thoren der Stadt das Kloster Reiffenberg befestigt und von dort aus die Bürger auf alle Weise geplagt und geschädigt. Aber die kleine Stadt hatte sich trotzig und mutig ihrer Haut gewehrt, und die Annahme des Luthertums war dem Herzoge ein Zeichen, daß sie weniger als je ihm sich zu unterwerfen gesonnen war.

So sind es denn nur äußere, dem Kern der theologischen

Fragen fern liegende Rücksichten, welche für die kirchliche Parteistellung des Herzogs maßgebend waren. Dadurch aber gerade erklärt es sich, daß die konfessionelle Differenz ihn nicht hinderte, lange Zeit mit Fürsten der Gegenpartei in gutem Einvernehmen zu leben.

Vor allen war es der protestantische Landgraf Philipp von Hessen, mit dem ihn lange Jahre vertraute Freundschaft und Gemeinsamkeit politischer Pläne verband. Der Landgraf hatte ihn in der Hildesheimischen Fehde kräftig unterstützt. Da hatte der Herzog sich geäußert, „es treffe Haut oder Haar an, so wolle er Leib und Gut für den Landgrafen einsetzen. Wenn er einen Sohn hätte, der dem Landgrafen zuwider sei, den wolle er abthun"[6]. Noch im Jahre 1530, als längst die kirchliche Parteistellung der Freunde eine verschiedene geworden war, verband sich der Herzog mit dem Landgrafen in feierlichen Verträgen, um Heinrichs Schwager, den landflüchtigen protestantischen Herzog Ulrich von Würtemberg, wenn es auf friedliche Weise durch Bitten und Vorstellungen sich nicht erreichen ließe, durch Waffengewalt in sein von den Östreichern ihm vorenthaltenes Fürstentum einzusetzen, wogegen der Landgraf dem Freunde kräftige Beihülfe gegen Goslar versprach. Für Heinrich war der letzte Punkt wichtiger als der erste, und mit vollem Ernste hat er wohl nie daran gedacht, dem Hause Östreich das schöne Schwabenland mit dem Schwerte abzudringen. Als daher der Kaiser am Schlusse des Augsburger Reichstages (5. September 1530) seinen Bruder Ferdinand feierlich mit Würtemberg belehnt und damit jede Hoffnung auf eine gutwillige Restitution Ulrichs abgeschnitten hatte, zeigte Heinrich sich unschlüssig und lau[7]. Und als nun gar im Dezember 1531 Goslar dem Schmalkaldischen Bunde sich anschloß und damit einen Anspruch auf den Schutz und Beistand des Landgrafen gewann, war es für einen guten Politiker wie Herzog Heinrich nur zu erklärlich, daß er sich von einem Bündnis zurückzog, das ihm statt des gehofften Vorteils gegen Goslar nichts als die Feindschaft des Kaisers in Aussicht stellte.

Der Landgraf hat bekanntlich 1534 den Würtembergischen Zug allein unternommen; aber es hat nicht den Anschein, als ob Heinrichs Rücktritt von dem Vertrage den staatsklugen und berechnenden Fürsten fürs erste mit sittlicher Entrüstung erfüllt hat. Er hätte es unter gleichen Verhältnissen schwerlich anders gemacht. So dauert denn das gute Einvernehmen zwischen den alten Kameraden „Heinz" und „Lips" noch einige Zeit lang fort. Im Februar 1534 nahm Herzog Heinrich in Kassel an der Fastnachtsfeier teil und war dort in demselben Jahre auch bei einem Turnier zugegen. Im folgenden Jahre reiste er in der Gesellschaft des Landgrafen über Prag nach Wien⁵. Erst als bittere Zwietracht zwischen die Freunde getreten, macht der Landgraf dem Herzoge seinen Treubruch ernstlich zum Vorwurf, und ein Dichter seiner Partei läßt sich vernehmen⁹):

> Landgraf und Herzog warn ein Mann
> In Ernst und auch in Scherzen,
> Jeder wollt dem andern beistan,
> Verschrieben sich von Herzen,
> Würtemberg zu setzen ein,
> Einer wollt des andern Helfer sein,
> Der Herzog war aber nit rein,
> Erfuhr Landgraf mit Schmerzen.
>
> Denn gleich zu Augsburg der Reichstag war,
> Beide dahin sie zogen,
> Gar bald der Landgraf ward gewahr,
> Wie Herzog Heinz hätt gelogen,
> Dem Kaiser geschwätzt den geheimen Rat.
> Kaiser den Hessen gefordert hat,
> Daß er gleich jetzt an Eides statt
> Dem Kaiser sollt angeloben:
>
> Herzogs Ulrichs müßig zu gon
> Und sich sein ganz zu verzeihen.
> Landgraf darauf ein Bedacht wollt hon,
> Thät heimlich darvon weichen,
> Wollt dem Kaiser nit geloben an,
> Wollt halten als ein fürstlich Mann
> Das Zusagen, das er hätt thon
> Gen Würtemberg vergleichen.

Im Laufe der dreißiger Jahre gingen die politisch-kirchlichen Interessen der Freunde immer mehr auseinander. Anfangs mochte Heinrich mit leidlichem Gleichmute es ansehen, daß Philipp neben dem Kurfürsten von Sachsen als der hauptsächlichste Führer an die Spitze der Schmalkaldischen Einigung trat; als aber der Bund zu immer kräftigerem Widerstande gegen die habsburgische Politik sich stärkte, als Goslar und Braunschweig sich demselben anschlossen und gerade in ihm eine kräftige Stütze gegen die feindseligen Absichten des Herzogs fanden, da ging es mit der alten Freundschaft zu Ende. Als daher der kaiserliche Vicekanzler Held Deutschland durchzog, um gegen die Schmalkaldischen ein katholisches Gegenbündnis zustande zu bringen, wurde es ihm nicht schwer, Herzog Heinrich für seine Pläne zu gewinnen. Im Juni 1538 wurde zu Nürnberg zwischen dem Kaiser, dem König Ferdinand, dem Kurfürsten zu Mainz, den Herzögen von Bayern, dem Erzbischof von Salzburg und den beiden braunschweigischen Herzögen Erich dem Ältern und Heinrich dem Jüngern der Bund der Liga abgeschlossen, und Heinrich wurde zum Bundeshauptmann für Norddeutschland ernannt.

Niemand hat für die Interessen der Liga mit mehr Eifer, Rührigkeit und Thatkraft gewirkt als er. Die Freundschaft mit dem Landgrafen war erkaltet, ein finsterer und feindseliger Groll erregte die Gemüter, und es bedurfte nur eines Anlasses, um die übel verhaltene Leidenschaft in hellen Flammen emporlodern zu lassen.

Bei einer solchen Spannung der Gegensätze, einer solchen Aufhäufung von Gärungsstoffen ist es sehr mißlich, die eine oder die andere Partei für den Ausbruch der Feindseligkeiten verantwortlich zu machen. An dem ernstlichen Willen die Gegner zu unterdrücken hat es auf keiner Seite gefehlt. Aber jeder Teil mühte sich ab, seine feindseligen Absichten hinter Beteuerungen der eigenen Friedensliebe und hinter Anklagen des Gegenparts zu verbergen.

Schon im Frühjahr 1538 hatten die Führer der Schmalkaldischen Einigung erkannt, wessen sie sich von seiten ihres Gegners zu versehen hätten. Denn als der Bund sich in Braunschweig zu einer glänzenden Tagsatzung versammelte, hatte der Herzog dem Landgrafen sowohl als dem Kurfürsten Johann Friedrich von Sachsen das freie Geleit für den Ritt durch sein Gebiet versagt, und als dann trotzdem der Landgraf mit starkem Gefolge an seiner Festung Wolfenbüttel vorbeiritt, hatte er auf den ehemaligen Kameraden die Geschütze lösen lassen[10]. Bald sollte es schlimmer kommen. Am letzten Tage desselben Jahres fiel dem Landgrafen unweit Kassel ein Sekretär des Herzogs in die Hände. Man fand bei ihm Briefe an den Kurfürsten von Mainz und an den Vicekanzler Held, die in Verbindung mit den Aussagen des Boten über die feindseligen Absichten der Liga hinreichenden Aufschluß gaben. „Der Landgraf schläft nicht viel", heißt es in einem Memorialzettel, „die Nacht kaum eine Stunde, hat keine Ruhe denn im Holze, wird toll werden, als dann den Sachen leichtlich zu raten; ist es bereits über die Hälfte." Und der Neujahrsbrief an den Kurfürsten schloß mit dem freundschaftlichen Wunsche: „Gott auf unserer Seite und der Teufel bei unserem Gegenteil, der hole sie! Ich wünsche Ew. Liebden ein glückseliges neues Jahr"[11].

Der Landgraf mochte wohl fürchten, daß die Wegnahme und Öffnung der Briefe eines Reichsfürsten, mit dem er nicht in förmlicher Fehde lebte, üble Verwicklungen und Ungelegenheiten zur Folge haben könne. So meldete er denn sofort den Vorfall unter Beifügung von Abschriften der vorgefundenen Dokumente an seinen Schwiegervater Georg von Sachsen, den Vicekanzler Held, die Schwester des Kaisers Maria von Ungarn, die als Statthalterin der Niederlande in Brüssel weilte, den römischen König Ferdinand und eine Anzahl der angesehensten Reichsfürsten. Herzog Georg riet ihm, „seine Entschuldigung in einem öffentlichen Drucke, doch ohne irgend jemandes Verkleinerung, ausgehen zu lassen"[12]. Der Landgraf folgte dem Rate, Herzog Heinrich blieb die Antwort nicht schuldig, auch der Kurfürst von Sachsen wurde in den Kampf hineingezogen, und so entwickelte sich denn in immer steigender Schärfe zwischen den fürstlichen Gegnern ein Schriftenwechsel, in dem sie, was nur immer an Schmach und Schimpf sich antreiben ließ, einander ins Angesicht schleuderten. An Stoff dazu fehlte es bei keiner der hadernden Parteien.

Das sittliche Leben stand zu jenen Zeiten im deutschen Volke auf einer sehr niedrigen Stufe. Spiel, Trunk und Unzucht machen sich breit in Stadt und Land, bei Hoch und Niedrig, nicht zum wenigsten an den Fürstenhöfen. Nur zu begründet ist es, wenn der Abt zum Berge Petrus Ulner in der Leichpredigt auf Heinrich den Jüngern klagt, „daß Fürsten und Herren oft ihrer Lust und dem Fleisch nachhängen und der Gottesfurcht vergessen, daß zu Hofe Sauferei, Unzucht und allerlei Ärgernisse ergehen, das fürwahr nicht sein sollte und billig zu strafen ist"[13]. Die Konfession macht hierbei keinen Unterschied, und gerade bei den geistlichen Reichsfürsten wissen die zeitgenössischen Berichte nicht zum wenigsten von Trunksucht und Konkubinenwesen zu berichten.

Von den hadernden Fürsten war keiner weniger von der moralischen Verderbnis seiner Zeit berührt als der Kurfürst Johann Friedrich von Sachsen. Es ist gewiß wahr, was Ranke sagt, daß dieser Fürst durch die sittlich strenge Haltung, die er beobachtete, vor allen Zeitgenossen sich auszeichnete, daß er seiner Gemahlin unverbrüchliche Treue gehalten, daß kein unzüchtiges Wort, keine Unwahrheit aus seinem Munde kam, daß auf jede seiner Zusagen man sich heilig verlassen konnte[14]. Daß er aber dem Trunke mehr als gut gehuldigt, haben selbst seine eifrigsten Freunde nicht in Abrede gestellt.

Viel schlimmer stand es mit dem Landgrafen, in dessen Natur in seltsamer Mischung christliche Frömmigkeit und weltliche Schlauheit, ein hoher Sinn und fleischliche Inkontinenz zusammenliegen. Die dissolute Lebensweise seiner Jünglingsjahre hat er auch als Mann nicht abzuschütteln vermocht, und sein Fleisch war allezeit mächtiger als die Mahnungen des Gewissens, an denen es ihm nicht gefehlt. Seine Doppelehe, zu der er Luther und Melanchthon eine Art von Genehmigung abzunötigen wußte, hat der guten Sache des Evangeliums und dem Ansehen der Reformatoren den schwersten Schlag versetzt.

Um dieselbe Zeit aber, als der geschmeidige und in sittlicher Hinsicht nicht fleckenlose Hofprediger Melander über der übel geplanten Verbindung des Landgrafen mit Margarethe von der Sale den kirchlichen Segen sprach[15], lüftete sich der Schleier, mit dem Herzog Heinrich seine Beziehungen zu Eva von Trott eine Reihe von Jahren hindurch umsichtig verdeckt hatte. Drei Kinder hatte ihm die schöne Hofdame seiner Gemahlin bereits heimlich geboren, als sie in Gandersheim zum Schein erkrankte, zum Schein starb und mit allen kirchlichen Ceremonien, mit Bigilien und Totenmessen begraben ward. Seitdem hatte sie fast ein Jahrzehnt hindurch in stiller Verborgenheit auf dem Schloß Staufenburg bei Seesen gelebt, und eine fernere Reihe von Kindern war die Frucht dieses Verhältnisses, dem bei aller moralischen Verwerflichkeit immerhin ein gewisser romantischer Zug und ein seltenes Maß von aufrichtiger gegenseitiger Liebe und Zuneigung nicht abzusprechen ist [16].

Bei aller Nachsicht, mit der jene Zeit den Bruch ehelicher Treue, und das nicht bloß bei Fürsten, ertrug, ist es doch begreiflich, daß die ganze Art und Weise, mit der Heinrich dabei verfahren, daß namentlich die Frivolität, mit der er die Gebräuche der Kirche zum Deckmantel seiner Gelüste mißbraucht hatte, Unwillen bei Freund und Feind erregte. Manches andere kam dazu, das ferneren Anlaß zur Klage bot.

Des Herzogs Vater Heinrich der Ältere hatte in einer Primogeniturordnung die Unteilbarkeit des Fürstentums und die Erbfolge nach Art des salischen Gesetzes festgestellt, nicht zur Freude seines jüngern Sohnes Wilhelm, dem eine Teilung, wie sie früher so oft zum Schaden der Welfenlande geschehen, willkommener gewesen wäre. Als derselbe sich anschickte, seine Wünsche zu Thaten werden zu lassen, hatte Heinrich ihn in Haft gebracht und durch zwölfjährige Gefangenschaft 1535 gezwungen, sich, wenn auch widerstrebend, zur Anerkennung des Primogeniturrecesses zu verstehen. Die Maßregel ist für das Herzogtum von den segensreichsten Folgen gewesen, aber man begreift, daß die harte Behandlung des Bruders den Unwillen gegen Heinrich zu mehren und selbst bei katholischen Fürsten ihm zu schaden imstande war.

Inzwischen war auch Goslar mit einer schweren Anschuldigung gegen ihren alten Feind hervorgetreten. Im Jahre 1530 hatte man auf dem Augsburger Reichstage versucht, die alten Streitigkeiten zwischen der Stadt und dem Herzoge in Güte beizulegen; aber die Verhandlungen waren erfolglos geblieben. Als dann der Abgesandte der Stadt Doktor Konrad Dellingshausen sich auf dem Heimwege befand, wurde er in der Nähe von Homburg von Leuten des Herzogs aufgegriffen, seiner Barschaft, seiner Briefschaften und des kaiserlichen Geleitsbriefes beraubt und nach mancherlei Kreuz- und Querzügen auf das feste Schloß Schöningen gebracht. Dort war er nach etwa zwei Jahren unter der Hut von zwei herzoglichen „Kammerjungen" gestorben, und das Gerücht wußte davon zu erzählen, daß bei dem Tode eine von dem Herzoge besoldete Hand nachhelfend im Spiel gewesen sei. Die Stadt brachte den Frevel bei den Kammergerichte zur Sprache und bewirkte, daß der Herzog im Sommer 1539 auf den 19. November desselben Jahres zur Verantwortung beschieden wurde. Die Ladung hatte keinen Erfolg, und die Städter rächten sich durch Veröffentlichung der gerichtlichen „Citation". Der Herzog setzte es dann durch, daß die Städter, weil sie das benachbarte Kloster Georgenberg, von dem aus der Herzog sie zu befehden drohte, niedergerissen hatten, im Oktober 1540 von dem Reichskammergericht mit der Reichsacht belegt wurden. Die Acht wurde zwar auf Betrieb der schmalkaldischen Stände bereits im Januar 1541 suspendiert, aber nichtsdestoweniger setzte der Herzog seine Plackereien gegen die verhaßten Nachbarn unbekümmert fort.

Aufregender noch als alle diese Anschuldigungen wirkte eine Anklage allerschwerster Art. An verschiedenen Orten des protestantischen Gebietes hatten um jene Zeit Mordbrenner ihr Unwesen getrieben, und insbesondere war die Stadt Einbeck im Jahre 1540 durch einen entsetzlichen Brand in Asche gelegt. Die Evangelischen fürchteten, es sei auf ihre Vernichtung abgesehen, und es fehlte nicht an solchen, die den Verdacht aussprachen, der Papst und seine Helfershelfer hätten dabei die Hände im Spiele[17]. Einige der Verbrecher wurden eingefangen und sagten in einer mit ihnen angestellten „Urgicht" aus, daß sie für ihre Schandthaten von Leuten des Herzogs gedungen seien und daß das ihnen ausgezahlte Geld höchst wahrscheinlich von Herzog Heinrich herstamme; auch fehlte es nicht an solchen, welche zu der Ermordung des Kurfürsten und des Landgrafen gewonnen sein wollten. Die auf der Folter ausgesagten Geständnisse der Mordgesellen dürften für einen Gerichtshof des 19. Jahrhunderts schwerlich die Kraft eines vollgültigen Beweises besitzen; aber jene Zeit hatte in dieser Hinsicht andere Anschauungen. Die Aussagen der gefolterten Verbrecher galten den evangelischen Fürsten als ausreichend, um gegen ihren Standesgenossen die Anklage auf Anstiftung zu den ruchlosen Frevelthaten erheben zu können.

Alle die hier erwähnten sittlichen Mängel und Frevelthaten werden in den Klageschriften der hadernden Fürsten rücksichtslos und in der allerkrassesten Form vor die Öffentlichkeit gebracht. Die Phraseologie, deren sich die gekrönten Häupter gegen einander bedienen, ist für uns Kinder des 19. Jahrhunderts geradezu unglaublich[18], und Hase hat ganz recht, wenn er in seiner Kirchengeschichte sagt, es sei in diesem Schriftenwechsel alle Fürsten- und Menschenwürde verletzt worden. Die Sprache der schmalkaldischen Fürsten ist nicht ganz so grob wie die, welche in Heinrichs Schriften hervortritt; aber grob genug ist auch sie, und es wäre verkehrt, wolte man auf seiten des Kurfürsten und des Landgrafen ein feineres Anstandsgefühl voraussetzen. Der Grund ist allein der, daß der braunschweigische Kanzler Johann Stapler, der dem Herzoge die Schmähschriften verfaßte, sich besser auf das Schimpfen verstand als die hessischen und kursächsischen Räte[19]. Zum Beweise genügen wenige Proben.

In einem seiner Ausschreiben (Dienstag nach Omnium Sanctorum 1540) nennt der Herzog seinen ehemaligen Freund einen Narren, einen Fälscher und Lügner und vergleicht ihn wegen seiner Bigamie, und weil er angeblich die Wiedertäufer begünstige, mit Johann Bockold, dem Könige von Münster; den Kurfürsten schilt er einen Ketzer, Rebellen und Trunkenbold und nennt ihn wegen seiner unschönen Körperfülle ein Monstrum, einen Aesopus corpore et non ingenio. Daß der Kurfürst hinter dem Gegner nicht zurückbleiben wollte, zeigt schon der Titel seiner Gegenschrift (Montag nach Judica, 4. April 1541): „Des Durchlauchtigsten 2c. Johans Friedrichen 2c. wahrhaftige 2c. Verantwortung wider des verstockten, gottlosen, vermaledeiten, verfluchten Ehrenschänders, bösthätigen Barrabas, auch ... Holofernes von Braunschweig, so sich Heinrich der Jüngere nennet, unverschämt, kalphurnisch Schand- und Lügenbuch u. s. w." Das Buch selbst bietet dann noch Ehrentitel, von denen Gotteslästerer, heilloser Mann, Fürstenschänder, Gardenbruder, Satanas, Diabolus incarnatus noch nicht die kräftigsten sind. Trotzdem brachte es der Kanzler des Herzogs dahin, die kurfürstlichen Schmähungen noch zu überbieten. Am 31. Mai 1541 erschien eine Quadruplik des Herzogs wider „des gottlosen, verruchten, verstockten, abtrünnigen

Kirchenräubers und vermaledeiten, boshaftigen Antiochi, Novatiani, Severiani ꝛc. von Sachsen ꝛc. erdichtet, erlogen und unverschämt Lästerbuch u. s. w." Die ganze fast zwanzig Bogen umfassende Schrift des Herzogs strotzt von den ehrenrührigsten Ausdrücken, nicht eine einzige Seite ist davon frei. Man wird schier schwindlich, wenn man liest, wie der „heillose, lügenhafte, weinsüchtige, trunkene, ehr= und schandlose Hans von Sachsen" samt seinem „Münsterischen Bruder, eidvergessenen Erzketzer und Apostata" Philipp von Hessen, wie der „ungewaschene, grobe, unerfahrene und ungelehrte Bengel von Sachsen", der „Erzschelm", der „aufgeblasene Nabal", das „ungeschickte Eseltier", der „Bauernschelm und Knüttelbösewicht", der „Gottes= und Menschenschänder", das „Tier mit den langen, ragenden Ohren", der „verlogene, scheußliche, faule Thersites, Cyclops und Polyphemus", der „verzweifelte Erzbube, Lügner und Ketzer", der kirchenräuberische „Antiochus, die Wurzel aller Sünde", der „volle, trunkene Mantwolf", der „Trunkenbolz, der sich mit Köchen und Küchenbuben vollzutrinken pflegt und sich mit Wein und Bier nicht anders als ein Schwein im Kot besudelt", das „unförmliche Monstrum oder Wundertier der Natur" mit seiner „scheußlichen ungeschickten Figur und Ungestalt" — wie der wegen seiner letzten Schrift, dem „ausgeschmeißten Teufelsdreck", und wegen seiner „vielen fetten und gemästeten Lügen" von seinem fürstlichen Gegner öffentlich mitgenommen wird.

2.
Der Reichstag zu Regensburg.
1541.

Die mitgeteilten Proben genügen, um einen Begriff davon zu bekommen, was im 16. Jahrhundert selbst gekrönte Häupter einander zu bieten und sich bieten zu lassen vermochten. Fast will es scheinen, als wäre über der Gewohnheit, grobe und unflätige Reden zu hören und zu führen, selbst den höchsten Kreisen zu jener Zeit das Gefühl für Anstand und gute Sitte abhanden gekommen; denn nur so erklärt es sich, daß der unwürdige Ton, der diesen merkwürdigen diplomatischen Schriftenwechsel durchzieht, von den Standesgenossen allem Anscheine nach ohne merkliche Zeichen einer sittlichen Entrüstung aufgenommen worden ist. Nur von dem Könige von Dänemark ist es bekannt, daß er die Zwietracht und Uneinigkeit der Fürsten „ganz ungern" vernommen[20].

So ist denn allerdings ein guter Teil von den fürstlichen Injurien und Schmähungen auf die Rechnung des Zeitgeistes zu setzen, der es nicht liebte die Worte zu wägen, und der durch keine Prüderie sich abhalten ließ, die Dinge bei dem rechten Namen zu nennen. Trotzdem aber bleibt in diesem Schriftenwechsel ein Rest von Grobheit, der selbst in jenem groben Jahrhundert Aufsehen erregt, bleibt eine sittliche Rohheit, die ohne ein Gefühl des Ekels, ja die selbst mit einer Art von Behagen in dem Schmutze des Gegners umherwühlt und dabei ganz vergißt, daß es vor der eigenen Thür reichlich zu kehren giebt.

Auf den Inhalt der fürstlichen Schmähschriften näher einzugehen, liegt dem Zwecke dieser Blätter fern. Außer den bereits angedeuteten Anschuldigungen werden darin alle möglichen, zum Teil schon längst veralteten Rechtshändel und Streitigkeiten herangezogen, selbst die Frage wird weitläufig erörtert, ob das sächsische oder das braunschweigische Fürstenhaus das vornehmere sei. Den Grund oder Ungrund aller dieser sich kreuzenden Ansprüche und Anklagen zu prüfen, hat für uns wenig Interesse. Wichtiger ist es den Eindruck zu beobachten, den der Streit der Fürsten in weiten Kreisen des Volkes hervorgerufen hat.

Bei der straffen Spannung der Gegensätze, welche schon seit Jahren der Kampf um die wichtigsten kirchlichen, politischen und sozialen Interessen im deutschen Reiche wach erhalten hatte, konnte es nicht anders kommen, als daß der Schriftenwechsel der Führer der feindlichen Parteien die leidenschaftliche Erregung der Gemüter bis aufs äußerste steigerte. Der Ausfluß und Ausdruck der erbitterten Stimmung ist ein Schwarm von Flugschriften, von denen die Sorgsamkeit der Bibliothekare, oft auch ein glücklicher Zufall eine gute Anzahl der Nachwelt erhalten hat. Von manchen existiert nur noch ein einziges Exemplar. Wie viele von diesen flüchtigen Kindern der Tagesstimmung der Ungunst der Zeiten zum Opfer gefallen sind, läßt sich nicht bestimmen[21].

Aus dem Lager des Herzogs sind nur wenige Flugblätter auf unsere Zeit gekommen. Desto größer ist die Zahl von denjenigen Schriften, die der Leidenschaft der Evangelischen ihren Ursprung verdanken. Ohne Zweifel ist ein guter Teil dieser bald in Prosa, bald in Versen abgefaßten Pamphlete — selbst an lateinischen Spottgedichten fehlt es nicht[22] — auf Bestellung der streitenden Fürsten angefertigt, und besonders hat es die Umgebung des Landgrafen nicht an Versuchen fehlen lassen, den Herzog im Urteil der Zeitgenossen moralisch zu vernichten. Es wäre aber ein Irrtum, wenn man in allen diesen Schriften die Erzeugnisse eines käuflichen Litteratentums erblicken wollte. Viele von ihnen sind ohne jede offizielle oder offiziöse Beeinflussung entstanden und kennzeichnen, ähnlich wie jetzt die Zeitungen, die Tagesstimmung der Parteien. Zudem sind die wiederholten Auflagen, die Übersetzungen aus dem niederdeutschen Dialekt in das Hochdeutsche und umgekehrt ein unwiderlegliches Zeugnis, daß ihr tecker Ton, ihre scharfe Satire, ihr ungezügelter Freimut in weiten Kreisen lebhaften Beifall gefunden hat.

Das älteste der uns erhaltenen Pamphlete ist der „Wolfenbüttelsche Reim", der schon gegen Ende der dreißiger Jahre entstanden sein mag[24]. Er kennzeichnet die stolze Verachtung, mit welcher der Herzog und seine Umgebung auf die mit ihm verfeindeten Nachbarstädte blickte. Der Reim lautet:

> De van Goslar klagen,
> De van Brunswick tagen,
> De van Hildesheim jagen,
> De van Gotting wollen nicht ins Feld,
> De van Einbeck haben kein Geld,
> De van Hannover seind zu licht,
> De van Magdeborch thuns nicht.

Die Gegner wußten den Angriff durch folgendes „Contrarium"[23] zu parieren:

De van Goslar klagen:
> Herzog Hinrich kann nichts dawider sagen.

De van Brunswick tagen:
> Herzog Hinrich kanns nicht ertragen.

De van Hildesheim jagen:
> Herzog Hinrich darfs mit ihnen nicht wagen.

De van Gotting wollen nicht ins Feld:
> Herzog Hinrich weder Siegelbrief noch Glauben hält.

De van Einbeck haben kein Geld:
> Es hat Herzog Hinrich auch oft gefehlt.

De van Hannover seind zu licht:
> Herzog Hinrich thut dem Kaiser unrechten und falschen Bericht.

De van Magdeborch thuns nicht:
> Wenn Herzog Hinrich den Hals bricht.

Außer diesem Contrarium ist noch eine andere Antwort auf den Wolfenbüttelschen Reim auf unsere Zeit gekommen: „Auf den Wolfenbüttelschen Reim ein Contrareim"[23]. Man erkennt daraus die Stimmung, welche seine Plackereien und hinterlistigen Überfälle hervorgerufen hatte. Es heißt darin:

> Herzog Hinrich pucht und prahlt
> Mit Fluchen, daß es weit schallt, ...
> Auch Kurren, Murren und Drauen,
> Und darf (wagt) doch niemand hauen,
> Wie die feigen Herzen zu thun pflegen,

> So nur die Zungen flugs regen;
> Mit Meucheln, Morden und Erstechen
> Kann er und sein Gleich sich meisterlich rächen ...
> Ein großer, kühner Held,
> Ist Herzog Hinrich in seinem Zelt,
> In der Not auf dem Felde ganz verzagt,
> Der auf Erden niemand behagt,
> Er fleucht eher, denn man ihn jagt,
> Er darf's (wagt's) auch nimmermehr wagen,
> Er fürcht sich im Felde werden geschlagen.

Es muß auffallen, daß hier dem tapfern Fürsten, der so oft in heißer Feldschlacht standgehalten, der Vorwurf elender Feigheit gemacht wird. Seine Kriegsknechte nannten ihn „den Kinderfresser, den grauen, reißenden Wolf"[24], und ein Lied aus dem Jahre 1553 singt gewiß nicht ohne Grund von ihm:

> Er hat wohl noch ein Herz im Leib,
> Gott hilft ihm allzeit fechten[25].

So könnte man denn versucht sein, diesen Vorwurf als eine grundlose Verleumdung anzusehen. Aber er kehrt zu oft und in zu unverdächtiger Weise wieder, als daß er ganz aus der Luft gegriffen sein könnte. Und in der That lag etwas im Charakter des Fürsten, das seinen Gegnern Anlaß zu diesem Spott zu geben imstande war. Mit einer nicht geringen persönlichen Tapferkeit war bei ihm ein hohes Maß von kluger Berechnung gepaart; nutzlos und ohne Aussicht auf Erfolg sein Leben zu wagen, war nicht seine Sache. Als in der Hildesheimischen Fehde auf der Soltauer Haide für ihn und die Seinen keine Hoffnung auf Sieg mehr war, hatte sein ritterlicher Oheim Erich ihm zugerufen: „Vetter, reit! Meine gelben Sporen wollen nicht leiden, daß ich reite"[26]. Und der Neffe hatte in der That „gebrukket siner scharpen Sporen"[27]. Auch auf der Rückfahrt aus Italien hatte er im Sommer 1528, als gegen die aufgewiegelte Bevölkerung Gewalt nichts frommen konnte, die Fürstentracht mit dem Wams eines Knechtes vertauscht und war so glücklich in die Heimat zurückgekehrt[28]. Als er endlich im Jahre 1540 einmal sich in seiner Herberge in dem Städtchen Kalau nicht sicher wähnte, war er bei Nacht und Nebel auf und davon geritten. Man begreift es, daß man da spöttisch sagte: „Der kühne Ferseuritter ergriff das Hasenpanier gar bald"²⁹. Denn dem Volke imponiert allezeit tollkühnes Wagen, und nichts ist mehr in alter und neuer Zeit von den Sängern gepriesen worden als ein fröhlicher Reitertod. Den meisten Leuten will es schwer in den Sinn, daß Vorsicht und Mannesmut sich nicht ausschließen, und daß Heldensinn und Bedachtsamkeit recht wohl bei einander sein können.

Die bislang mitgeteilten Spottreime gehen über eine neckende Plänkelei im Grunde nicht weit hinaus; bald aber nahm der Kampf mit der Verschärfung der Parteigegensätze einen ernsteren und erbitterteren Charakter an. Noch im Jahre 1539 hatte Doktor Konrad Braun, ein Mitglied des Reichskammergerichts, in einem anonym herausgegebenen Dialoge zu der Vernichtung der Ketzerei aufgefordert³⁰, und am 25. Oktober 1540 hatte, wie bereits bemerkt, der nur mit römisch gesinnten Räten besetzte Gerichtshof über Goslar die Acht ausgesprochen. Die Evangelischen erblickten in dem Spruch eine schreiende Ungerechtigkeit, einen Ausfluß religiösen Parteihasses. Der Superintendent Nicolaus von Amsdorf zu Magdeburg eilte der bedrängten Stadt mit seiner poetischen Ader zu Hülfe. Zwölf Jahre vorher hatte der eifrige Lutherfreund den Bürgern die Segnungen des Evangeliums gebracht; jetzt verteidigte er sie gegen ihre Widersacher in dem „Gedicht, worin angezeigt wird, wie fromm Herzog Heinrich von Braunschweig und wie böse die Lutherischen sein"³¹. Zur Charakteristik des Gedichtes mögen einige Verse daraus hier Platz finden. Von dem Herzoge heißt es:

> Wider diesen untreuen Mann
> Goslar kein Recht erlangen kann
> Aus keiner andern Sachen nit,
> Denn daß sie sind lutherisch mit;
> Denn die lutherischen Knaben
> Müssen allzeit unrecht haben,
> Wenn sie auch gleich gehorsam sein
> Gott dem Herrn und ihrem Kaiser sein.
> Allezeit müssen haben recht
> Papst, Mönch, Pfaffen und ihre Knecht;
> Wenn sie gleich wider Gott leben,
> Auch wider des Kaisers Gesetz streben,

> So ist's ihnen alles vergeben,
> Wenn sie nur den Papst erheben,
> Wider den Luther heftig reden,
> Über Gott und sein Wort schweben.

Am Schlusse wird dann der Herzog mit folgenden Versen charakterisiert:

> Neue Tücke brauch ich,
> Nichts Ehrlichs handel ich,
> Darum alle Evangelischen wider mich,
> Ein Schelm und Bösewicht bleib ich.

Derartige kurze Charakteristiken fanden weite Verbreitung. Man las sie wohl in den Herbergen an den Wänden, wo ein schreibkundiger Gefolgsmann sie angeschrieben hatte, sich und den Seinen zur Lust, den Feinden zum Verdruß. Es ist ganz glaublich, wenn Herzog Heinrich sich darüber beschwert[32], ihm sei auf seiner Reise der Schelmenreim vor die Augen gemalt:

> Meine Bundesverwandten schatz ich,
> Sie müssen prächtig erhalten mich,
> Alle Gerechten wider mich,
> Ein weidlicher Esel bleib ich.

Natürlich verfehlten dann die Leute des eigenen Gefolges nicht, einen noch derberen Spottvers darunter zu setzen, gerade wie vor 17 Jahren, als in den annektierten Ländern der wechselseitige Patriotismus sich darin gefiel, an allen nur möglichen Wänden in kräftigen Versen sich Luft zu machen.

Amsdorfs Gedicht blieb nicht unbeantwortet. Es erschien ein „Contrarium wider ein erlogen Schandgedicht, welches neulich im Druck wider Herzog Heinrich zu Braunschweig und die römisch-katholische Kirche ausgegossen ist"[33]. Es ist interessant daraus zu ersehen, wie sehr man auch im herzoglichen Lager der groben Rede mächtig war. Schon der Anfang läßt Ton und Tendenz erkennen:

> Es hat ein ehrloser Bösewicht
> Lassen ausgehen ein Schandgedicht
> Im Druck, erlogen, erstunken Ding,
> Der Wahrheit ist er viel zu ring,
> Wider den teuren Fürsten gut,
> Herzog Heinrichen, das edel Blut.

Natürlich ist hiernach den Goslarschen, den „Ächtern", nicht mehr als recht geschehen, und Herzog Heinrich ist das Opfer böswilligster Verleumdung, die der „Bube und Erzbösewicht" Landgraf Philipp ins Werk gesetzt hat. Was dem Herzog vorgeworfen wird von der Mißhandlung Goslars, von der Niederwerfung des Doktors Dellingshausen, desgleichen von der begrabenen Braut, das ist alles

> Erlogen, erdichtete Unwahrheit,
> Welches ihm, hoff ich, soll werden leid.

Denn Herzog Heinrich kann sich gegen alle diese Vorwürfe verteidigen,

> Mit Recht und reinem Gewissen gut,
> Ob es schon des Teufels Spitzhut,
> Lipsen von Hessen, thäte Zorn.
> Nichts denn Tugend der hochgebern
> Herzog Heinrich ihm hat erwählt,
> Der edle, teure Fürst und Held . . . .
> Und was er von dem Bösewicht redt,
> Das darf er mannlich auf der Stätt
> Mit kühner Faust ihm machen wahr
> Auf seinen Kopf, auch Haut und Haar.

Diesem Muster von Mannestugend steht der Landgraf gegenüber

> Als wie ein ehrloser Bösewicht,
> Der selbst sein Eid und Gelübde bricht
> Dem Kaiser und dem ganzen Reich.

Ein Ketzer sei er geworden und dulde die Wiedertäufer in seinem Lande. Mit behaglicher Breite und mit nicht wiederzugebender Offenheit werden ihm dann seine zahlreichen Sünden gegen das sechste Gebot sowie seine zweite Ehe mit Margarethe von der Sale vorgehalten. Er sinne auf Empörung und Aufruhr und gehe damit um, fliegen zu lassen

> Die Bundschuhfähnlein mit dem Pflug,
> Die da sein gemacht ohn allen Fug
> Aus aufrührerischem Herz und Mut,
> Zu stürzen viel unschuldig Blut!
> Ein König von Münster steckt in dir.
> Wenn es nicht geht nach deiner Begier
> Auf diesem Reichstag dermaßen,
> So wirst den Schwarm du fliegen lassen.

Darum sei es für Kaiserliche Majestät hohe Zeit, nach dem Rat, den Kunz Braun gegeben,

> All Schismata und Ketzerei
> Mit ihrer großen Schelmerei
> Zu tilgen und auszureuten.

Den Schluß des herzoglichen Contrariums bildet eine wenig schmeichelhafte Charakteristik des Landgrafen:

> Ein Schelm in der Haut bin ich
> Und ein großer Erzbösewicht,
> Darum Gott und alle Christen wider mich,
> Ein Eheschänder, Ketzer und Aufrührer bleib ich.

Als das Contrarium auf Amsdorfs Gedicht in die Öffentlichkeit trat, hatten sich die deutschen Fürsten bereits zu Regensburg um den Kaiser zum Reichstag versammelt. Derselbe war schon auf den Epiphanientag (6. Januar) 1541 zusammenberufen, aber der gute alte Reichsschlendrian schob die Eröffnung hinaus. Der Kaiser war am 23. Februar in die Donaustadt eingeritten; aber die Fürsten kamen so langsam, daß die Versammlung erst am 5. April ihren Anfang nehmen konnte[34]. In Regensburg sollten alle die Händel und Irrungen, welche zwischen Heinrich und den schmalkaldischen Fürsten und Städten sich aufgesammelt hatten, verhandelt und verglichen werden. Da kam es für die Parteien darauf an, Kaiser und Stände für sich günstig zu stimmen, dem Gegner die Gemüter zu entfremden. Zu diesem Zweck schienen die offiziellen Beschwerden und Klageschriften nicht ausreichend zu sein. Ihre Wirkung vorzubereiten und zu verstärken, wurde von beiden Seiten eine Anzahl von kecken Flugschriften unter das Publikum geworfen.

Schon im Februar erschien eine nur wenige Blätter umfassende Schrift: "Evangelische, brüderliche, getreue Unterrichtung, durch Meister Justinum Warsager, Nachrichter zu Warheitsbrun, in einem Sendbriefe an den Landgrafen von Hessen beschehen"[35]. Es lag klar zu Tage, daß der hinter dem pseudonymen Henker von Warheitsbrun verborgene Verfasser des Pamphlets nirgend anders als am Hofe zu Wolfenbüttel zu suchen sei. Zunächst macht derselbe es dem Landgrafen zum Vorwurf, daß er einen in Ungnade gefallenen Beamten des Herzogs, den "Erzlügner, Erzfälscher, viertelmäßigen (d. h. des Vierteilens würdigen), treulosen, verzweifelten, meineidigen, verräterischen Schalk und Bösewicht" Hans Koch) bei sich aufgenommen und demselben sogar gestattet habe, seinen früheren Gebieter in einem Schand- und Lästerbuche anzugreifen. Daraus sei zu ermessen, daß der Landgraf sonderliches Gefallen trage, mit Lügnern, verlognen, losen Leuten, Schälken, Buben, Verrätern und meineidigen Bösewichtern umzugehen. Er dürfe sich deshalb nicht wundern, wenn er dem schlechten Gesindel gleich geachtet werde. Auch in anderer Hinsicht sei der Landgraf mit unchristlichen, unfürstlichen, ketzerischen Lastern beschrieen und befleckt. Gegen die Vorschrift der Bibel habe er ein zweites Weib genommen. Ohne Zweifel stecke der Teufel in dem Landgrafen, und nach Art des Königs von Münster wolle er so viel Weiber nehmen, als ihm gelüste. Ferner begünstige er die Wiedertäufer in seinem Lande, und alle Welt spreche davon, daß er mit Aufruhr umgehe und die Bauern zu einem Aufstande nach Art des Bundschuh reizen wolle. „Solches alles", so schließt das Pamphlet, „habe ich E. F. Gn., wiewohl ich ein armer Sünder und Nachrichter bin, dennoch als E. F. Gn. Nebenchristenmensch aus brüderlicher Liebe nicht wollen unvermeldet lassen."

Die Herausforderung war zu scharf, als daß sie hätte unbeantwortet bleiben können. Aus der Umgebung des so schwer beschuldigten Landgrafen trat um die Mitte des Monats April ein Schriftchen ans Licht, das den Titel führt: „Expostulation und Strafschrift Satanae, des Fürsten dieser Welt, mit Herzog Heinzen von Braunschweig, seinem geschworenen Diener und lieben Getreuen, daß er sich unbilliger Weise in der Person eines Diebhenkers wider den Landgrafen, nicht ohne merklichen Nachteil seines Reichs, mit ungeschicktem Lügen eingelassen habe"[36]. Satanas, „Verweser der ewigen Finsternis", bezeugt dem Herzog Heinz zunächst seine Anerkennung dafür, daß derselbe durch die evangelische Unterrichtung des Meisters Justinus zu Warheitsbrunn sich als sein treuer Diener bewiesen habe. Er habe es aber mit seinem unerhörten Schelten und Schmähen sehr ungeschickt angefangen und der guten Sache geschadet, weil so die heimlichen Pläne Satans an den Tag gekommen seien. Im Dienste des Teufels müsse „man nicht gar zu frech sein und nicht sofort zum

Blutvergießen eilen", sonst würde man den großen Haufen gänzlich abschrecken, sondern man müsse es machen wie die verstockten papistischen Geistlichen, die der Sache Satans „mit hübscher und gleißender Heiligkeit eine Gestalt gegeben und also alle Welt an sich gebracht" hätten. So pflege ja auch Satan selbst, wenn er mit Lügen und Trügen die Welt an sich ziehen wolle, sich in einen Engel des Lichts zu verwandeln. Wer wollte ihm sonst glauben? Lügen und trügen verstände Herzog Heinz ja wohl recht gut, aber die Kunst, „fein fisierlich und kunstreich zu lügen", mangele ihm ebenso wie seinen Skribenten. — Sehr zu tadeln sei es, daß er seine Schrift unter dem Namen eines Nachrichters und Diebhenkers habe ausgehen lassen. Nun würden die Widersacher ihn hinfort als Henker ausschreien, der schändlicher Weise den Doktor Dellingshausen und viele andere umgebracht habe. — Sehr thöricht sei es auch, daß er seinen früheren Diener Hans Koch, der alle seine Heimlichkeiten wisse, mit so groben Schmähworten, Drohungen und Verleumdungen angefahren habe, zumal derselbe sich zur Verantwortung vor Gericht erboten habe. „Siehe, also legest du uns hie ein Schand ein, der man wohl hätte müßig gehen können. Können dir aber gleichwohl alles, weil es aus einem rechten Blutdurst geschieht, wohl zu gut halten, allein daß wir zusehen, daß wir unsere Sache mit so unzeitigem Lügen nicht selbst verderben." — Ganz besonders tadelt Satanas seinen getreuen Heinz wegen der auf den Landgrafen gehäuften Anklagen. Die Sache mit dem andern Weibe wäre besser gar nicht angeregt. Es gehe wohl darüber ein Gerücht und Geschrei, aber man könne noch nicht entscheiden, ob es wahr oder unwahr sei. Überdies werde die Bigamie, wenn sie allgemein eingeführt werde, dem Reiche Satans merklichen Abbruch thun; denn dann würde der Ehebrecherei und noch viel schlimmeren Dingen, deren weit herrschende Verbreitung ja dem Teufel sehr angenehm sei, Einhalt gethan. Und dann sei es auch ein großer Irrtum, wenn er meine, die Bigamie lasse sich nicht rechtfertigen. Im Alten Testamente sei sie erlaubt und üblich gewesen, und wenn zur Zeit der Apostel der Brauch, ein Kebsweib zu haben, nicht gewesen sei, warum verböte denn der Apostel, daß ein Bischof mehr denn eine Frau haben solle? Zudem habe der Kaiser

Valentinianus II. die Doppelehe ausdrücklich erlaubt und sei seiner eigenen Bigamie halber nie von den Gelehrten jener Zeit angegriffen worden. Weil aber Heinz diese Sache in Anregung gebracht habe, könne er sich nicht wundern, wenn nun auch „der arme Geist zur Staufenburg" herhalten müsse. Er solle aber, wenn er danach gefragt werde, nach der Regel verfahren: Si fecisti, nega, und den Lügen eine glaubliche Gestalt geben, damit die Sache unvermerkt bleibe; sonst werde er dermaleinst den Teufel und sich selbst zu Schanden machen. — Nicht minder thöricht sei es auch, daß Heinz dem Landgrafen Begünstigung der Wiedertäufer vorwerfe und ihm die Absicht zuschreibe, den Bundschuh zu erneuern und Aufruhr zu erregen. Die Lügen seien zu grob und ungeschickt, als daß sie Glauben finden würden, und die Gegner würden ihm nun selbst Aufruhr nachweisen. Durch seine Ungeschicklichkeit seien nun aber leider die teuflischen Pläne der Liga bekannt geworden. „Wie wollten wir", so heißt es am Schluß, „eine herrliche Zeche im Blut der Lutherischen gehalten haben!... Wir würden längst in der Widersacher Blut bis an die Enkel gegangen sein und gut Geschirr gemacht haben."

Der Verfasser der Expostulation ist Johann Lening, Pfarrer des hessischen Städtchens Melsungen, eine in sittlicher Hinsicht wenig achtbare Persönlichkeit. Ohne Zweifel ist die Expostulation mit großem Geschick abgefaßt; was ihr aber fehlt, ist der sittliche Ernst. Ihr hauptsächlichster Zweck ist es, den übeln Ehehandel des Landgrafen in ein leidlich günstiges Licht zu stellen und den schweren Schlag, den Justinus Warsager gegen ihn geführt, so gut als möglich zu parieren. Luther war mit dem Buche sehr unzufrieden. Er hatte gehofft, die Bigamie sollte verborgen bleiben. Jetzt muß er nun sehen, wie man sogar eine Rechtfertigung derselben versucht, wenn man auch vorläufig noch die Thatsache in Abrede stellt. Man darf sich nicht wundern, wenn er unwillig wird gegen den „Windbeutel von Melsungen, der eher Flammen als seine Worte im Munde behalten könne"[37].

Wenige Tage vor dem Erscheinen der Expostulation war Luther selbst mit einer Streitschrift gegen Herzog Heinz auf den Kampfplatz getreten. Die Persönlichkeit des Verfassers, die wegen des Pamphlets gegen ihn gerichteten Angriffe machen es zur Pflicht, dasselbe etwas eingehender zu besprechen.

Lange Zeit hatte Luther dem Federkriege der Fürsten schweigend zugesehen und nur gelegentlich seinem Unwillen in vertraulichen Äußerungen Luft gemacht. In dem Briefwechsel der Wittenberger Theologen wurde der Herzog gewöhnlich Mezentius genannt nach dem gottlosen Tyrannen von Cäre, von dem Virgil zu erzählen weiß[38]. An der Wahrheit der gegen denselben vorgebrachten Anschuldigungen zweifelte Luther ebensowenig wie Melanchthon[39], und namentlich waren es die Nachrichten von den Mordbrennereien, welche beide mit der tiefsten Entrüstung erfüllten.

Den Anlaß zum offenen Ausbruch des lange verhaltenen Grolls gab eine Streitschrift des Herzogs, die den Kurfürsten mit Schmähungen überschüttete, und worin sich die Bemerkung fand, Herzog Heinrich „habe dem von Sachsen, welchen Luther, sein lieber Andächtiger, Hans Worst nenne, zu seinen Schriften keinen Anlaß gegeben"[40]. Luthers Antwort auf diese Herausforderung ist das Büchlein „Wider Hans Worst"[41]. Er schrieb es, wie er selbst sagt, in der Absicht, „nicht daß es dem Herzoge gefallen solle noch den Papisten, sondern daß fromme Leute ihre Lügen und unsere Wahrheit mögen sehen, und sie auch, so sie wollen"[42]. Schon in der ersten Hälfte des Februar 1541 war Luther mit dem Pamphlet beschäftigt, am 24. März war es vollendet, in den ersten Tagen des April wurde es bereits in Regensburg mit großem Eifer gelesen[43].

„Es hat der von Braunschweig zu Wolfenbüttel", so beginnt das Büchlein, „jetzt abermals eine Lästerschrift lassen ausgehen, darin er an meines Gnädigsten Herrn, des Kurfürsten zu Sachsen, Ehre seinen Grind und Gnatz zu reiben fürgenommen, auch mich zweimal angetastet und gelocket, erstlich, da er schreibt, ich habe meinen Gnädigsten Herrn Hans Worst genennet, darnach die ganze Hauptsache des Glaubens angreift, der ich mich muß bekennen der fürnehmsten Lehrer einen zu dieser Zeit. Da flucht, lästert, plärret, zerret, schreiet und speiet er also, daß, wenn solche Worte mündlich von ihm gehöret würden, so würde jedermann mit Ketten und Stangen herzulaufen als zu einem, der mit einer Legion Teufel wie der im Evangelio besessen wäre, daß man ihn binden und fangen müßte. Wiewohl ich aber den unflätigen Mann nicht wert achte, daß ich ihm einen Buchstaben antworten wollte, dennoch, weil ers nicht allein ist, will ich den Unsern etwas zu reden geben".

Solche Schmähbücher wie das, welches Heinz von Wolfenbüttel veröffentlicht habe, seien leichtlich mit dem einen Worte zu beantworten: „Teufel, du lügst," wie denn der hochmütige Bettler Doktor Luther in seinem Liedlein stolzlich und verdrießlich singe: „Ein Wörtlein kann ihn fällen".

So stehe es zunächst mit dem Ausdruck „Hans Worst", womit Herzog Heinz an ihm wolle Ritter werden. Er gebe zu, daß er „wider die groben Tölpel, so klug sein wollen, jedoch ungereimt und ungeschickt zur Sache reden und thun", das Wort Hans Worst oft gebraucht habe, sonderlich und allermeist in der Predigt: aber er wisse sich nicht zu erinnern, daß er jemals eine bestimmte Person, sei es Feind oder Freund, damit gemeint habe. Wäre er sich dessen bewußt, so würde er es frei bekennen und verteidigen. Jetzt aber sage er offen, der Teufel und sein Heinz seien wegen ihrer Lügen „die rechten Hans Worste, Tölpel, Knebel und Rülze", seien „verzweifelte, ehrlose, verlogene Bösewichter".

Nachdem sich Luther so auf wenigen Seiten gegen den ihm persönlich gemachten Vorwurf verteidigt, wendet er sich zu den Angriffen, die der Herzog in seiner Schrift gegen den Kurfürsten gerichtet habe, indem er ihn als Ketzer, Aufrührer, Monstrum, Nabal gelästert.

Besonders empört es ihn, daß der Kurfürst und mit ihm alle Evangelischen Ketzer genannt sind, und so nimmt er denn, „um die Zeit nicht mit des Heinzen Teufelsdreck zu verbringen", Anlaß, in längerer Darlegung nachzuweisen, daß den Evangelischen mit Unrecht der Vorwurf der Ketzerei gemacht werde. Vielmehr seien die Evangelischen die rechte alte Kirche, während die Papisten eine neue Kirche aufgerichtet hätten. Denn auf seiten der Evangelischen sei die rechte alte Taufe, das Abendmahl, wie es Christus selbst eingesetzt, der rechte Gebrauch des Amts der Schlüssel, das reine Predigtamt und Gotteswort ohne Zusatz neuer und menschlicher Lehre, das alte apostolische Glaubensbekenntnis, das alte Vaterunser, der Gehorsam gegen die weltliche Obrigkeit, die Achtung vor dem Ehestande als einer göttlichen, gesegneten und Gott wohlgefälligen Ordnung, das Leiden um des Evangeliums willen, wie es in der alten Kirche vorhanden gewesen, und schließlich finde sich bei ihnen auch unter Verzicht auf Selbstrache die Fürbitte für die Verfolger.

Dagegen seien die Papisten von der alten Kirche abgewichen und hätten Menschenlehre neben Gottes Wort gestellt. In zwölf Punkten wird ihnen der Abfall von der alten Kirche nachgewiesen. Sie lehrten, die Taufgnade werde durch nachfolgende Sünde verloren, und dann müsse der Mensch durch eigene Gerechtigkeit Genugthuung schaffen. Sie hätten ferner den Ablaß eingeführt, das Weihwasser, die Wallfahrten, die Brüderschaften, hätten das Sakrament des Altars verunstaltet, hätten der Kirche, die doch nur ein geistliches Haupt haben könne, nämlich Christus, in dem allerheiligsten Papste ein leibliches Haupt gegeben, hätten den Ehestand gelästert und als unrein und untüchtig zum Dienste Gottes verurteilt u. s. w. Darum habe die päpstliche Kirche aufgehört, die reine Braut Christi zu sein, und sei zur Buhlerin des Teufels geworden.

Ebensowenig aber wie der Vorwurf der Ketzerei sei dem Kurfürsten und den Evangelischen gegenüber die Anklage des Aufruhrs begründet. Denn was dem Kaiser gebühre, gäben sie ihm; aber das sei ein falscher Gehorsam, wenn man Gott das Seine nehmen und dem Kaiser auch das leisten wolle, was wider Gott und das Gewissen sei.

Daß bei den Evangelischen sich noch viele grobe Sünden finden ließen, giebt Luther zu. „Ich muß leider bekennen", sagt er, „ob wir wohl die reine Lehre des göttlichen Worts und eine feine, reine, heilige Kirche haben, so sind wir doch nicht besser denn Jerusalem, die heilige Gottesstadt, darin so viel böser Leute mitunter waren, doch allezeit das Wort Gottes durch die Propheten rein erhalten ward. Also ist bei uns auch Fleisch und Blut, ja der Teufel unter Hiobs Kindern, der Bauer ist wild, der Bürger geizet, der Adel kratzt: wir schreien und schelten, getrost durchs Wort Gottes, und wehren, was und so viel wir können — gottlob! nicht ohne Frucht". Von den Heinzen aber will er keinen Tadel dulden, sie seien denn zuvor frömmer denn die Evangelischen. Sie sollten nur erst den Balken aus ihren eigenen Augen ziehen. Unwahr sei es auch, wenn gesagt werde, den sogenannten „Lutherischen Lärmen" habe vor Jahren Kurfürst Friedrich aus Gehässigkeit gegen den Erzbischof Albrecht von Mainz erregt. Die eigentlichen Urheber der Bewegung seien der Erzbischof von Mainz mit seinem Tetzel und der heiligste Vater Leo mit seinem unzeitigen Bann gewesen.

Wenn ferner Heinz den Kurfürsten einen Trunkenbold nenne, so müsse er dagegen auftreten auf die Gefahr hin, daß man ihm sage: Des Brot ich esse, des Lied ich singe. Heinz lüge, obwohl er die Wahrheit sage. Er selbst könne ja nicht ganz entschuldigen, daß sein Gnädigster Herr zu Zeiten über Tisch, sonderlich mit Gästen, einen Trunk zu viel thue, „das wir auch nicht gern sehen, wiewol sein Leib eines großen Trunks mächtig ist". Aber das sei eine Lüge, daß der Kurfürst ein Trunkenbold sei, und unordentliches Wesen daraus folge. Derselbe wisse sein großes Fürstentum wohl zu regieren, was doch ein Trunkenbold nicht könne. Und dann, so fährt er fort, „ist auch da gottlob! ein züchtiges, ehrliches Leben und Wandel, ein wahrhaftiger Mund, eine milde Hand, Kirchen, Schulen, Armen zu helfen, ein ernstes, beständiges, treues Herz, Gottes Wort zu ehren, die Bösen zu strafen, die Frommen zu schützen, Friede und gut Regiment zu halten, und ist der Ehestand so rein und löblich, daß es ein schön Exempel kann sein allen Fürsten, Herren und jedermann".

Mit großer Schärfe hält dann Luther dem Herzoge vor, wie wenig gerade er ein Recht habe, dem Kurfürsten eine derartige Schwäche vorzuwerfen. „Denn du weißt", sagt er, „was alle Welt von dir weiß, wie du deine löbliche Fürstin hältst, nicht allein als ein voller, toller Filz und Trunkenbold, sondern als ein unsinniger, wütiger Tyrann, der sich nicht voll Weins, sondern voll Teufel gefressen und gesoffen hat, täglich und alle Stunde, wie Judas im Abendmahl. Denn du speiest auch eitel Teufel aus deinem ganzen Leibe in allen deinen Werken und Wesen mit Gotteslästern, Fluchen, Lügen, Ehebrechen, Wüten, Schinden, Mordbrennen ꝛc., daß man deinesgleichen in keiner Historien findet. Dazu kannst du deinen schändlichen Ehebruch nicht vollbringen, mußt es mit des göttlichen Namens Schmach und Schande thun" und die arme von dir verführte Person „als verstorben mit deinem heiligen Gottesdienst, Messe und Vigilien lassen verbergen. Das hast du von deinem Gesellen zu Mainz gelernt, der auch seine Ehebrecherei unter dem Schein des Heiligtums treiben mußte; doch kannst du wohl von dir selbst solche Tugend erdenken. Fürwahr, ihr seid ordentliche Leute, die ihr fein wisset von Trunkenheit und unordentlichem Wesen zu predigen".

Wenn aber Luther den Kurfürsten wegen seiner Schwäche, bei aller freimütigen Anerkennung derselben, in Schutz nimmt, so will er damit keineswegs das wüste Hofleben seiner Zeit entschuldigen. „Es ist leider", sagt er, „dieser Hof nicht allein, sondern ganz Deutschland mit dem SaufLaster geplagt. Wir schreien und predigen dawider. Es hilft leider wenig. Es ist ein böses altes Herkommen im deutschen Lande, wie der Römer Cornelius schreibt, hat bisher zugenommen, nimmt noch weiter zu. Da sollten Kaiser, Könige, Fürsten, Adel zu thun, daß ihm gesteuert werde. Dazu wills noch ärger werden, ohne Zweifel zur Strafe, daß nun auch welsche Sitten sich in deutschen Landen beginnen zu pflanzen durch die verdammten Kardinäle und Heinzen, so daß zu besorgen, Deutschland sei gewesen".

Nicht mit demselben Freimut wie über den Trunk des Kurfürsten spricht Luther über die Doppelehe des Landgrafen. Es ist für ihn ein wunder Fleck, über den er schnell hinweggeht. „Der Landgraf", so sagt er, „ist Mans genug, hat auch gelehrte Leute bei sich. In Hessen weiß ich von einer Landgräfin, die da ist und soll heißen Frau und Mutter in Hessen, wird auch keine andere vermögen junge Landgrafen zu tragen und zu säugen, ich meine die Herzogin, Herzog Georgs zu Sachsen Tochter. Daß aber ihr Fürsten zum Teil den Holzweg gehet, da habt ihrs leider dahin gebracht mit eurem bösen Exempel, daß schier der Bauer es nicht mehr will für Sünde halten". Jedenfalls habe keiner den Ehestand lästerlicher geschändet als Heinz von Wolfenbüttel, dadurch daß er aus den christlichen Bräuchen einen Schanddeckel für sein unlauteres Treiben gemacht habe.

Der Grund freilich, weshalb Herzog Heinrich so böse Lästerbücher gegen seine fürstlichen Gegner geschrieben, sei klar zu erken nen. „Er weiß", so heißt es, „daß er bei aller Welt viel schändlicher Namen hat und stinket wie ein Teufelsdreck". Daher wünsche er, daß auch andere löbliche Fürsten gleichfalls in schlechten Geruch kämen, damit darüber seines eigenen übeln Rufes ein wenig vergessen werde, zumal gerade jetzt der Mordbrenner Geschrei über ihn Zeter schreie.

Für Luther und seine Freunde waren die „Urgichten" der aufgefangenen Mordbrenner ganz unverdächtige Zeugnisse, und er hegte nicht den mindesten Zweifel, daß Heinrich als der eigentliche Anstifter jener entsetzlichen Frevel anzusehen sei. Nur aus dieser Überzeugung erklärt sich die maßlose Heftigkeit, mit der er dem „Erzmordbrenner" entgegentritt. „Es hilft nicht, Heinz", so ruft er dem Herzog zu, „du schreiest vergeblich, und wenn du wettern und donnern könntest wie Gott selbst, dies große unschuldige Blut, zu Einbeck und anderswo durch deinen Mordbrand vergossen, schreiet gen Himmel so stark, daß dich's samt deinen Gesellen gar bald, ob Gott will, in den Abgrund der Hölle schreien soll, wird auch nicht eher aufhören" . . . . „Der Henker, der die Mordbrenner gerichtet, hat damit dir fürgemalet, was du verdienet hättest, wenn man dir sollte dein Recht thun. Wohlan, du mußt denken, es sei eben so mehr in die Hölle gerannt als getrabt: du hast es doch dahin gesetzt, daß du Gottes und der Menschen Feind bleiben willst. Und wo du Gott ermorden könntest, so würdest du sein ja so wenig schonen als der Menschen, wie dein Wort zeuget, da Herzog Georg gestorben war: Ei nun wollt ich lieber, daß Gott im Himmel gestorben wäre". Und so verabscheuungswürdig sind Luther die dem Herzog zur Last gelegten Verbrechen, „daß man Judas, Herodes, Nero und aller Welt Bösewichter gegen ihn schier würde heilig sprechen müssen". Nero habe Rom doch wenigstens öffentlich angezündet, aber Heinz thue alles meuchlings. Von seinen Kriegsleuten habe Luther gehört, ein wie verzagter Schelm er sei, es sei auch noch nie keines freidigen Mannes That von ihm erhöret, sondern was er gethan, das habe er heimlich oder meuchlings aufs Leugnen gethan. Heinz verließe sich nun wohl darauf, daß der Papst die Evangelischen verdammt und der Kaiser ein Edikt wider sie erlassen habe; **aber nach dem alten deutschen Spruche: Das Recht ist allzeit ein** frommer Mann, der Richter ist oft ein Schalk, bleibe Heinz als „ein Erzmörder und Bluthund" dem Gerichte Gottes verfallen, selbst wenn Papst, Kaiser und Kammergericht ihn nicht verurteilen würden. Denn durch so viele Urgicht und Gericht habe Gott diesen Heinzen als einen Mörder, Bluthund, Erzmeuchelmörder verdammt zum höllischen Feuer, so er nicht schon auf Erden geschmeucht werden könne. Auf ihn und seine Gesellen passe das Judaslied, das am Schluß in folgender Weise parodiert wird:

> Ach! du arger Heinze,
> Was hast du gethan,
> Daß du viel frommer Menschen
> Durchs Feuer hast morden lan!
> Des wirst du in der Hölle
> Leiden große Pein,
> Lucifers Geselle
> Mußt du ewig sein. Kyrieleison.
>
> Ach! verlorne Papisten,
> Was habt ihr gethan,
> Daß ihr die rechten Christen
> Nicht konntet leben lan!
> Des habt ihr große Schande,
> Die ewig bleiben soll,
> Sie gehet durch alle Lande,
> Und sollt ihr werden toll. Kyrieleison.

Die hier mitgeteilten Proben dürften genügen, um den Ton, in dem Luther seinem Zorne gegen Heinz von Wolfenbüttel Raum gegeben, zu charakterisieren. Manche Stellen der Schrift sind noch gröber und heftiger als die, welche wir hergesetzt. Die Feder des 19. Jahrhunderts sträubt sich, die ordinären Ausdrücke und Wendungen jener groben Zeit in ihrer ganzen naturalistischen Derbheit dem Leser vor die Augen zu stellen.

Über den Eindruck, den Luthers Pamphlet bei den Zeitgenossen hervorrief, fehlt es nicht ganz an Zeugnissen. Herzog Heinrich wurde dadurch, wie leicht begreiflich, gegen den „Erz- und Fleischbösewicht, Ketzer und eidbrüchigen, heillosen Mönch Martin Lotterbuben" in den höchsten Zorn versetzt. In seiner Quadruplik vom 31. Mai 1541 schreibt er: „Der heillose Mann

(Kurfürst Johann Friedrich) mit seinen erztückischen Bösewichtern, Erzketzern Luther und Schwarzerdt (Melanchthon) meinen, wenn sie wider jemand was schreiben, so müssen derselbig oder dieselben ganz ausdörren, vergehen oder wie das Kraut welk werden; aber es fehlet mehr als einen großen Bauernschuh". — An einer andern Stelle heißt es: „Daß wir den erztückischen Erzketzer, gottlosen Erzbösewicht und verzweifelten Buben Martin Luther zu seinem wider uns ausgegangenen gottlosen, falschen, unchristlichen, erlogenen, lotter- und hippenbübischen Schreiben gereizt, ist uns des Gottsbösewichts von Sachsen verräterisch wie Judas' Christum Andichten und Lügen, und in Verantwortung solches seines Schand- und Teufelsgedichts bedarf es keiner Kunst. Wir vertrauen, solches und ein mehreres, gottlob und ohne Ruhm, auch gegen einen solchen falschen, ausbündigen Erzketzer mit heiliger beständiger Schrift wohl zu verantworten. Dieweil der gottlose Bösewicht von Sachsen an uns nicht haften kann, so muß er den treulosen Mönch und eidvergessenen Apostaten an uns reizen, als er vor uns andern mehr gethan. Wir vertrauen aber zu Gott, ihm werde einmal sein gebührender Lohn darum widerfahren. Was der heillose Mönch auch anders damit ausgerichtet, denn daß er seine eigne Schande, gottlos, hoffärtig, unbillig, unchristlich, neidig, hässig und parteiisch Gemüt an den Tag gegeben, bezeugen alle christgläubige, fromme Herzen, und itzunder spüret männiglich, daß bei solchem gottlosen Mönch kein Theologei, Gottes Ehre Betrachtung und Förderung ist, sondern alle vorteilhaftige, böse, gottlose, neidige, unterstecke Handlungen, und daß er nicht Friede, Einigkeit, sondern Widerwillen, Uneinigkeit und Blutvergießung meinet und suchet, und wie er die deutsche Nation in Verderb und in Gewalt des grausamen Feinds, des Türken, setzen und um Glauben, Ehr und Wohlfahrt bringen möge. Dafür wird er, ob Gott will, von seinem Vater, dem Teufel, aus welchem der treulose Apostata per medium incubi, wie zu erweisen stehet, geboren ist, würdige Besoldung mit Verlierung seiner Seelen Seligkeit empfangen. Denn was hätte der treulose Mönch sonst mit diesen Sachen zu thun?" [44]

Von andern zeitgenössischen Feinden Luthers ist uns ein Urteil über sein Pamphlet nicht bekannt geworden. Auf evange=

lischer Seite mag es nicht an solchen gefehlt haben, denen der gereizte Ton desselben Unbehagen erweckte, wie es denn beinahe scheint, als ob der Historiker des Schmalkaldischen Bundes Johann Sleidan an der Heftigkeit der Schrift Anstoß genommen hat[45]. Aber ganz entschiedenen Beifall zollte dem Buche Kurfürst Johann Friedrich. Auf dem Reichstage zu Regensburg ließ er es durch seine Räte verteilen[46], und in seiner Gegenschrift gegen den Herzog vom 4. April empfiehlt er es demselben, „sich darinnen zu spiegeln und umzusehen". Der wegen seiner Milde und Friedensliebe so vielfach gepriesene Melanchthon war weit entfernt, den Ton des Pamphlets zu tadeln. Am 4. April schreibt er dem Verfasser, seine Schrift werde zu Regensburg sehr begierig gelesen[47], und als die Prediger der Stadt Braunschweig, doch wohl ermutigt durch Luthers Schrift, den Herzog auf den Kanzeln einen Mord= brenner nannten, nahm Melanchthon sie in Schutz und sprach sich dahin aus, daß sie mit Recht deswegen könnten entschuldigt werden[48]. Einen fernern Beweis für den Beifall, den Luthers Pamphlet bei den evangelischen Zeitgenossen gefunden, bieten die vier Ausgaben, die noch in demselben Jahre von ihm erschienen sind[49], und vergessen darf nicht bleiben, daß durch andere Flug= schriften jener Zeit sein Inhalt vielfach hindurchklingt. In einer derselben heißt es:

Ich will dir aber wol einen Mann
Anzeigen und nennen gar schon,
Sieh, der darf's Heinzen zeigen an,
Was ehrlicher Thaten er gethan.
Heinz, sag, wie wilt du nun bestan
Mit der Wahrheit ganz hell und klar?
Ja, Heinz, merk's, es ist alles wahr
Und ist wohl schier zu wenig zwar.
Doktor Martinus Luther dar,
Der ist's; die ganze Welt fürwar
Auch gar nichts anders sagen thar (darf),
Denn daß er dir samt deiner Schar,
Deinen mordbrenn'schen Gesellen dar,
Hat gepreiset euer Lob fürwahr,
Daneben auch die sel'ge Lahr
Des Glaubens so gar herzlich zwar
Verteidigt und seinen Fürsten dar[50].

Luther selbst ist es nie in den Sinn gekommen, die Heftigkeit seiner Polemik gegen den Welfenherzog zu bereuen. Während er mit der Ausarbeitung der Schrift beschäftigt ist, nennt er sie ein „kurz und sanft Büchlein"[51], und am 12. April schreibt er an Melanchthon, „er habe sein Buch nochmals durchgelesen und wundere sich, daß er so gemäßigt verfahren sei. Er schreibe das seinem Kopfleiden zu, das ihn gehindert habe, kräftiger anzustürmen"[52]. Und in einem Briefe an Herzog Albrecht von Preußen vom 20. April heißt es: „Heinz von Braunschweig ist nun überzeuget (d. i. überwiesen), daß er Erzmeuchelmordbrenner sei und der größte Bösewicht, den die Sonne beschienen hat. Gott gebe dem Bluthunde und Bärwolf seinen Lohn"[53]. Auch später hat er es an Ausfällen gegen den Herzog nicht fehlen lassen[54], und wie wenig seine Phraseologie sich dabei verfeinerte, zeigt ein Brief, in dem es heißt: „Der grobe Filz, Rulz und Tölpel, der Esel aller Esel zu Wolfenbüttel schreiet daher sein Eselsgeschrei. Er ist ein trefflicher Mann, der heiligen Schrift fertig, behende und läufig wie eine Kuh auf Nußbäumen oder eine Sau auf der Harfe"[55]. Herzog Heinrich noch von besserer Seite kennen zu lernen, hat ihn der Tod gehindert.

Für den Leser unserer modernen Zeit wird die derbe Art der Polemik Luthers immer etwas Anstößiges haben. Wir wollen es dahin gestellt sein lassen, ob die Sittlichkeit unserer Nation seit drei Jahrhunderten erhebliche und wesentliche Fortschritte gemacht hat; das aber steht jedenfalls fest, daß die Gesittung, daß die Form des Verkehrs, die Weise der Sprache maßvoller, feiner, humaner, anständiger geworden ist. Es wäre aber ein sehr großes Unrecht und eine Verletzung der Wahrheit, wenn man bei der Beurteilung von Luthers Schrift die modernen Begriffe von Anstand und Schicklichkeit, wie die Gebildeten unseres Zeitalters sie schon mit der Muttermilch in sich aufgenommen, zu Grunde legen wollte. Hier dürfen allein die Anschauungen und Empfindungen, die Sitten und Gewohnheiten des 16. Jahrhunderts leitend und maßgebend sein.

Wird aber dieser allein berechtigte Maßstab angelegt, so ist es nicht nötig, auf das schwere Kopfleiden hinzuweisen, das gerade zu der Zeit der Abfassung des Pamphlets den Reformator geplagt hat. Luther war ein Kind seiner Zeit, und diese seine Zeit war sehr grob und rücksichtslos. Bis in die höchsten Kreise hinauf herrschte, wie im Vorhergehenden zur Genüge dargethan, eine Routine des Schimpfens und ein Naturalismus des Ausdrucks, wie sie in unseren Tagen nur in den untersten Volksschichten sich finden. Es wäre kaum zu begreifen, wenn Luther bei seiner energischen und kräftigen Natur sich einer milderen Redeweise befleißigt hätte wie alle Welt um ihn her. Es ist auch sehr die Frage, ob er mit einer höflicheren Phraseologie der guten Sache einen besseren Dienst erwiesen hätte. Denn auf jenes harte Geschlecht machte ein leises, sanftes Säuseln wenig Eindruck; wer beachtet werden wollte, mußte mit Sturm und Ungewitter darein fahren. Und wie strotzen die Schriften der Gegner Luthers von den allergröbsten Injurien, ja von den allertückischsten Verleumdungen! Wahrlich, man kann es dem vielgeschmähten und vielverlästerten Manne nicht verargen, wenn auch er gelegentlich mit Keulenschlägen drauf los fährt. Was aber am meisten imstande ist, uns mit Luthers grobem Buche zu versöhnen, das ist die Treue der Überzeugung, auf der es ruht, der tiefe sittliche Ernst, der es durchweht. In Heinz von Wolfenbüttel bekämpft Luther nicht den persönlichen Feind, sondern den Feind des Evangeliums, den Zerstörer des Reiches Gottes. Was er von ihm sagt, das glaubt er felsenfest, so daß er selbst da, wo er irrt und übertreibt, nicht aufhört, der Mann der Wahrheit zu sein. Die Erregung trübt ihm wohl in etwas den Blick, der Zorn reißt ihn fort, der Unwille läßt ihn nicht erst lange fragen, ob es auch recht ist, daß die Leute den sonst so unerschrockenen Fürsten eine Memme schelten; aber es ist keine niedrige Leidenschaft, die ihn entflammt, nicht fremdes Geld, das er sucht, nicht eigene Ehre, nach der er strebt, nicht persönliche Rache, die ihn treibt. Nur das Reich Gottes ist es, für das er streitet, für das er zürnt, für das er schmäht. Und dieser sittliche Ernst, diese selbstsuchtslose Unerschrockenheit, diese lautere Liebe zum Evangelium, dieser furchtlose Eifer für das, was er für Recht und Wahrheit hält — sie sind es, die bei der Beurteilung der Angriffe Luthers auf Heinz von Wolfenbüttel vor allen Dingen in die Wagschale gelegt werden müssen, sie sind es, die auch in der unholden Form dem unbefangenen Blick als edler Kern entgegen treten. Überdies hat gerade die Polemik unserer Tage sehr wenig Ursache, auf Luthers heftige und ungezügelte Derbheit selbstbewußt herabzusehen. Denn unendlich hoch steht die ehrliche Grobheit des Reformators über jener Art von Journalistik und Historik, die unter glatten Formen und unter dem Schein gewissenhafter Forschung das Gift tendenziöser Parteileidenschaft zu verbergen sucht.

Zu derselben Zeit etwa wie Luthers Schrift erschienen „Zween Sendbriefe an Hansen Worst"[57]. Der Verfasser des in drei verschiedenen Ausgaben erhaltenen Pamphlets fühlt sich verpflichtet, „in diesem Wort- und Schmachkriege, durch Heinzen Mordbrenner erregt, nach seinem Vermögen zu helfen und dem Heinzen Mordbrenner einen tapfern Jägerstreich in sein Angesicht zu geben". Seinen Namen nennt er nicht, um dem Feinde nicht die Gelegenheit zu bieten, „seinem Gebrauche nach aus seinem (des Verfassers) Leibe eine Scheide zu seinem Schwerte zu machen". Wir glauben nicht zu irren, wenn wir den Verfasser im kursächsischen Lager suchen.

Den ersten Brief, datirt vom 1. März 1541, erläßt Lucifer, „von Gottes Ungnaden oberster Tyrann in der Hölle und Fürst der Welt", an seinen „getreuen lieben Fürsten Hansen Worst zu Wolfenbüttel". Zunächst spricht er seinen Unwillen darüber aus, daß seinem Reiche durch Martin Luther merklich Abbruch geschehe. Die Gegenwehr seiner Gelehrten wie Doktor Hans Geck zu Ingolstadt und anderer habe nicht viel genützt. Darum habe er sich mit seinen Räten und Dienern zu einem allgemeinen Kriege gegen die lutherischen Stände im Reiche deutscher Nation entschlossen. Zum Oberhauptmann dieses Krieges sei ihm vor allen andern Herzog Heinrich empfohlen wegen seiner Geschicklichkeit, Mannheit und Tapferkeit in allen bösen Sachen und Händeln, „so S. Liebden auf der Lüneburgischen Haide, in Italien, auch sonst mannigfaltig mit Mordbrennen, Morden, der Leute Verschleifen in Kaiserlichem Geleite, Verdrückung der Gerechtigkeit, Untreue, Meuterei, Kirchenraub, Gottlosigkeit, Glaubensbruch, Ehrlosigkeit, Fürsten- und Adelschändung, Ehebruch und in Summa ganz tyrannischem Leben, Wesen und Regiment bewiesen". Der Herzog solle nun nicht nachlassen, „bis er alle lutherischen Häupter und Unterthanen gedämpft, den vorigen Glauben wieder aufgerichtet und Lucifers Reich vor dem gekreuzigten Gott und seinem Wort notdürftig sekuriert habe". Zum Lohn solle S. Liebden „einen redlichen Anteil der vertriebenen lutherischen Stände, Leute und Lande", auch „etliche wohlgelegene feiste Bistümer" bekommen, es müßte denn sein, daß „Sr. Liebden durch den gekreuzigten Gott von Nazareth Verhinderung an dem allen zugefügt werde".

Im zweiten Sendbriefe berichtet der Diebeshenker aus Wolfenbüttel seinem Gebieter, ihm sei bei der Rückkehr von der Hinrichtung eines Mordbrenners, der in seiner Urgicht den Herzog als seinen Anstifter angegeben, der Teufel in einer grauen Mönchskappe begegnet und habe ihm den eben besprochenen Brief zur Besorgung übergeben. Zugleich teilt er mit, er sei mit den zwölf berühmtesten Scharfrichtern zusammengewesen, die hätten „mit großem Ernst sich über die großen, bösen, schändlichen, sträflichen, unmenschlichen, teuflischen Thaten, damit S. F. Gnaden nunmehr durch ganz Deutschland mit gutem, beständigem Grunde beschrieen sei", beratschlagt und hätten sich ohne Unterschied dafür ausgesprochen, daß der Herzog wegen seiner bekannten Unthaten der schwersten Strafen schuldig sei. Er verdiene, daß man seine Zunge mit einem starken, breitköpfigen eisernen Nagel auf einen Stock nagele, daß man ihm die Zunge hinten zum Nacken herausreiße, daß man ihn aufs Rad stoße, lebendig schinde, vierteile, daß man ihn lebendig in ein Vierfaß mit einwärts hervorstehenden Nägeln einspunde und dann das Faß vom Rammelsberge herunter laufen lasse, und was sonst noch an haarsträubenden Strafen eine kühne Phantasie zu erfinden vermag.

An die „Zween Sendbriefe" schließt sich ein umfangreiches Pamphlet: „Wahrhaftige Kontrafaktur Herzog Heinrichs des Jüngern und seiner Gesellschaft", in dem ein Kleriker zu Wittenberg über den „hansworstischen Phantasten", das „heillos lose Teufelskind", den Feind der „frischen, freien, fröhlichen" Lutheraner seinen Zorn und Spott ausfließen läßt⁵. Wenige Verse genügen, um den Ton des Gedichts zu kennzeichnen:

   Kein Fürst im Reich kannst du sein mehr,
   Sondern du bist ein Mordbrenner,

Ein gottloser Ehebrecher.
Du heilloser linker Schächer,
Du giftiger, böser Meuchler,
Du bist ein abgefeimter Mörder
Dort zu Warheitsbrun, du Henker.
Ja du unverschämter Lügner,
Der du wider Gott und alle Ehr
Fromme Fürsten, andre Leut mehr
Schändest und schmähest so gar sehr,
Die ganze Welt schreit jetzt Zeter
Über dich schelmischen Bösewicht.
Sieh, Heinz, so hast du's ausgericht.

In das Tirailleurfeuer der kecken und übermütigen Pamphlete, der „seltsamen Schmähbüchlein, dergleichen von keinem Fürsten je gehört oder gelesen war"[59], mischte sich der Donner schwereren Geschützes. Der Landgraf ließ bereits im März ein umfangreiches diplomatisches Aktenstück erscheinen[60], während der Kurfürst die bereits erwähnte Verantwortung vom 4. April[61] publizierte und dem des Deutschen nicht kundigen Kaiser in einer französischen Übersetzung überreichen ließ[62]. In beiden Schriften werden dem Gegner alle seine wirklichen oder vermeintlichen Sünden und Frevel in systematischer Breite und oft kräftiger Derbheit vorgehalten. Zu alledem gesellte sich der holde Klatsch und trug in Regensburg von einem fürstlichen Losament zum andern, was ungünstiges über den wilden Heinz ihm zugeflüstert war.

Die Bemühungen der Schmalkaldischen blieben nicht ohne Erfolg. „Was von den Mordbrennern erzählt werde," schreibt Melanchthon am 29. März, „bewege vieler Gemüter". Und am 4. April fügt er hinzu, „trotz aller Wühlerein wende sich wie durch göttlichen Einfluß die Gesinnung aller Gemäßigten von Mezentius ab". „Bei allen Wohlgesinnten", heißt es in einem Schreiben des Kanzlers Burckhart vom 5. Mai, „sei der Wolfenbüttler allgemein verhaßt". „Nur der Mainzer und Bayer", lautet es am 9. Mai, „ständen noch auf seiner Seite, die übrigen Fürsten, selbst die von seiner Partei, flöhen ängstlich seine Freundschaft. Zu den häufigen freundschaftlichen Gelagen seiner Bundesgenossen werde er niemals zugezogen"[63].

Der Herzog ließ es seinerseits nicht an Bemühungen fehlen, die Stimmung zu seinen gunsten zu bessern. Er wendete sich an die einflußreichsten Fürsten und selbst an den Kaiser mit fast aufdringlichem Eifer⁶⁴. Aber für Karl waren gerade jetzt, da er der Hülfe der Schmalkaldischen gegen Türken und Franzosen bedurfte, die von dem Braunschweiger im Reiche erregten Unruhen und Verwicklungen in hohem Grade ungelegen und verdrießlich. So findet der Herzog denn bei ihm nicht wie sonst gnädige Aufnahme, so daß ein Freund Luthers am 22. April berichten kann, das Gesuch des Herzogs; in Regensburg eine Gegenschrift drucken lassen zu dürfen, werde nicht die gehoffte Genehmigung des Kaisers finden[65].

Welche Schrift Herzog Heinrich in jenen Tagen gedruckt zu sehen wünschte, wird nicht bemerkt. Es kann aber kaum eine andere gewesen sein als der „Dialogus oder Gespräch wider eine vermeinte, ungeschickte Expostulation oder Strafschrift Satanae, des Fürsten dieser Welt, mit Herzog Heinrich zu Braunschweig aus Befehl des Landgrafen zu Hessen gehalten"[66]. Lesterle, einer der geriebensten Teufel, teilt darin seinem Vater Lucifer mit, ein wie guter Freund von ihm der Landgraf sei. Nur auf des letztern Antrieb habe er die oben erwähnte Expostulation gegen den fürstlichen, ehrlichen und mannhaften Herzog verfaßt und darin lauter Lügen gegen denselben vorgebracht. Der Herzog sei wohl ein Sünder wie ein andrer Mensch, aber der Teufel habe ihm nie etwas anhaben können, und wie der Landgraf des Teufels geschworener Bundesgenosse und Bruder sei, ein großer öffentlicher Erzlügner, ein Anrichter alles Übels, der Getreueste des Reiches des Teufels, so sei Heinrich der größte Feind, den der Teufel haben könne, sei Gott ergeben, beharre standhaft bei dem wahren christlichen Glauben u. s. w. Was ihm schuld gegeben werde vom Morde Dellingshausens, von den Mordbrennern, von Eva von Trott, das sei alles vom Landgrafen aus neidischem und gehässigem Gemüt erlogen. Dagegen sei der Landgraf aller Laster voll, und nur zu wahr sei, was von seinen Ausschweifungen, seiner Doppelehe, seiner Begünstigung der Wiedertäufer und von seinen aufrührerischen Plänen geredet werde.

Eine der interessantesten Flugschriften, die aus diesem merkwürdigen Federkriege überhaupt erhalten sind, ist eine Art von Drama: „Drei neue und lustige Gespräche: Wie der Wolf, der etwa, doch nicht lang, ein Mensch, Heinz von Wolfenbüttel genannt, in den Abgrund der Hölle verdammt sei".

Der unbekannte Verfasser ist ein tüchtiger Gelehrter. Form und Anlage des Stücks sind ihm in gleicher Weise gelungen. Es kommt ihm weniger darauf an, den einen oder andern Fürsten seiner Partei weißzubrennen, als die gemeinsame Sache der Evangelischen zu fördern. Nicht ohne Feinheit schildert er die Stimmung des Kaisers und seiner Umgebung, die Wünsche der Protestanten. Leicht ist es, in dem Schauplatz des Stücks, der Unterwelt, Regensburg, in Minos den Kanzler Granvella, in Pluto den Kaiser selbst zu erkennen; hinter dem himmlischen Genius verbirgt sich der Geist des Evangeliums, der auf die Bestrafung des Tyrannen dringt.

Den Welfenherzog, den Herrscher von Wolfenbüttel, als Wolf einzuführen, lag zu nahe, als daß die Satiriker sich diese Gelegenheit, ihren Witz zu üben, hätten entgehen lassen können. Der gelehrte Verfasser macht aber aus dem deutschen Wolfe den griechischen Lykaon. Schon bei seinem Eintritt in die Unterwelt sucht der den Höllengeistern bereits durch seinen Ruf bekannte Fürst Charon um das Fährgeld zu prellen und den Kahn desselben in die Luft zu sprengen, zu nicht geringem Ergötzen der Höllenwüterinnen Megära und Tisiphone. Er hat auf eine sehr ehrenvolle Aufnahme gerechnet, sieht sich aber bitter getäuscht. In einem Verhör, das Minos mit ihm anstellt, muß er gestehen, er habe wider Recht und Billigkeit seinen Bruder gefangen gehalten, seine Mutter unter die Erde gebracht, die Ehe gebrochen, eine adlige Jungfrau ihrer Ehren entsetzt und vorgegeben, sie sei gestorben, er habe ferner von den Feinden des Wortes Gottes Geld genommen und dafür Mordbrenner gedungen, um die Protestanten zu verderben. Zu seiner Überraschung erfährt er nun, daß er bei Pluto in Ungnade gefallen ist, nicht etwa, weil er übel gehandelt — denn derartige Frevel sieht man an Plutos Hofe gern — sondern wegen seines unbesonnenen und voreiligen Gebarens, das zu früh die Pläne des Herrschers offenbart hat. Pluto sagt selbst darüber im zweiten Gespräch:

> Die Ungnad hat ihm nichts erweckt,
> Denn daß sich in ihm hat erregt
> Allzeit ein frech Unbesonnenheit
> Und fürbündiger Geschicklichkeit
> Sein selbst ein falsch vermeinter Wahn,
> Damit er oft wider uns gethan.
> Denn hätt er hierauf geben acht
> Und nur nach unserm Willen gemacht
> Die Händel, so wir ihm befohln,
> Die baß verdeckt und auch verhohln,
> Auf sein selbst Klugheit nicht stolziert,
> (Daran doch an ihm wird nichts gespürt.)
> Und hätt sich nicht vernehmen lan
> Als der's uns gern zuvor hätt gethan,
> So wär kein Zweifel in meinem Mut,
> Deutschland schwümm jetzt zum Teil in Blut,
> Wär auch zum Teil durch Brand verwüst
> Und trüg den Schaden, nach dem uns lüst.

Schwere Höllenstrafen sollen nun Lykaon wegen „seines dummen Frevels und seiner kühnen Verwegenheit" treffen. Er bittet kläglich um Linderung, er habe ja nur im Dienste Plutos zu handeln geglaubt. Nun sähe er, daß der Papst und die treulosen Bischöfe, der Primas von Mainz an der Spitze, die ihn beredet und besoldet, ihn betrogen hätten. — Minos sucht Pluto zur Milde zu stimmen, und in der That ist Pluto auch zur Begnadigung geneigt, aber aus Furcht vor Gott,

> Weil wir müssen gehorsam sein
> Dem, den wir hassen ein und ein,

kann er Lykaon nicht ganz von Qual befreien, ist aber bereit sie zu mildern. Da erscheint zum Schrecken der Unterirdischen der himmlische Genius und verlangt unnachsichtige Bestrafung. Vergebens bieten die Getreuen Lykaons, der Kammerrichter Braun, der Vizekanzler Held, der Kanzler des Herzogs Stapler, allen juristischen Scharfsinn auf, ihren Gebieter zu verteidigen. Der Genius weist sie zurück:

> Wer Satans ist und mit ihm hält,
> Der redet auch stets, was ihm gefällt.
> Ich gebiet euch aber, ihr Ottergezücht:
> Haltet's Maul! kein Wort redet weiter nicht.

Und den „Schirganten" der Hölle ruft er zu:

> Drum ruft den Schelm nur her geschwind
> Mitsamt seinen Räten und Gesind
> Für Gericht, mit Urteil und mit Recht
> Ewig verdammt zur Höllen ihn sprecht.

Unter dem Zusammenlauf der Bevölkerung der Unterwelt erfolgt sodann ein förmlicher Gerichtstag. Unter Plutos Vorsitz bilden Minos, Rhadamanthus und Äakus den Gerichtshof; der Genius überwacht das Verfahren. Schließlich verliest Äakus das Erkenntnis, in dem Lykaon wegen zehn der gröbsten Verbrechen zu allen erdenkbaren Höllenstrafen verdammt wird, wie Sulla und Katilina, Kambyses und Nero, Tityos und Sisyphus, Papst Johann XII. und andere sie erleiden. Sein Hofgesinde, die schon genannten drei Berater, sowie der Großvogt Balthasar von Stechau sollen sein Schicksal teilen. Den Schluß bilden die Worte des Genius:

> Fahrt, ihr Verfluchten, jämmerlich
> In die Verdammnis ewiglich,
> Daß ihr fortmehr zu keiner Zeit
> Ohn Marter, Heulen und Seufzen seid!
> Fahrt, ihr Verdammten, immer hin!
> Also, wer in seines Herzens Sinn
> Seines Gotts vergessen thut auf Erden,
> Soll in die Höll gestürzt auch werden.

Von den „drei neuen und lustigen Gesprächen" sind uns zwei verschiedene Ausgaben erhalten und bezeugen, daß es ihnen an Lesern nicht gefehlt hat. Der Einfluß des Pamphlets tritt auch darin hervor, daß bald nach seinem Erscheinen der Herzog in dem Briefwechsel der Reformatoren vielfach Lykaon, das Herzogtum Braunschweig Lykaonia genannt wird[65].

Wenn der Verfasser gehofft hatte, daß Herzog Heinrich auf dem Reichstage zu Regensburg verurteilt werden würde, wie er Lykaon vor dem Gericht der Unterwelt verurteilen läßt, so wurde er enttäuscht. Die Verhandlungen, welche im Mai und Juni stattfanden, verliefen im Sande. Der Herzog stellte alles, was man ihm vorwarf, in Abrede. Märlein und Fabeln seien es, abenteuerliche und unwahrhaftige Anklagen. Seine

Gegner sollten ihre Anschuldigungen beweisen oder als Ehrabschneider bestraft werden. Er erbot sich, „ohne einigen Verzug seinen Widersachern zur Antwort zu stehen, alle rechtliche und gütliche Verhör, Handlung und Erkenntnis und derselbigen Exekution zu gedulden oder mit seiner Hand, wie sich's gebührt, auszutragen" [69]. Aber man schenkte seinen Beteuerungen keinen rechten Glauben, und als in der Fürstenversammlung die Beschwerdeschrift der Verwandten der Eva von Trott vorgelesen war, herrschte ein solcher Unwille unter den Standesgenossen, daß viele von ihnen den üblichen Handschlag ihm weigerten [70]. Es charakterisiert die Stimmung der zu der kaiserlichen Politik in Beziehung stehenden katholischen Kreise, wenn ein Zeitgenosse schreibt: „Herzog Heinrich hielt sich beim alten Glauben und auf seiten des Kaisers wegen der großen Vorteile und des Fürschubs; ob auch aus wahren Bewegnissen des Gewissens und Glaubens, weiß Gott allein; aber groß Vertrauen unter den Verwandten des Glaubens hatte er nicht; denn er war unruhigen Wesens, und sein Thun und Sprechen war ungleichmäßig, der Art, daß man nicht gern mit ihm zu thun hatte" [71].

Der Kaiser hätte gern den verdrießlichen braunschweigischen Handel in Güte beigelegt gehabt. Da dieses nicht gelungen war, suchte er wenigstens dem weiteren Umsichgreifen der Erbitterung, die nur zu leicht den Ausbruch offener Feindseligkeiten zur Folge haben konnte, mit Ernst zu steuern. In dem Reichstagsabschiede vom 29. Juli wurde verfügt, „daß hinfüro keine Schmähschriften gedruckt, feil gehabt, gekauft noch verkauft, sondern wo die Dichter, Drucker, Käufer oder Verkäufer betreten, daß dieselben ernstlich und härtiglich gestraft werden sollten" [72].

3.
Herzog Heinrichs Flucht, Rückkehr und Gefangenschaft.
1542—1545.

Kaum war der Reichstag geschlossen, so setzte Herzog Heinrich trotz der Aufhebung der über Goslar ausgesprochenen Acht seine Feindseligkeiten gegen die Städter fort und ließ sich selbst durch kaiserliche Einsprache nicht davon abbringen. Als es dann auch mit der Stadt Braunschweig zu offener Fehde kam, entschlossen sich der Kurfürst und der Landgraf als Hauptleute des Schmalkaldischen Bundes, den bedrängten Städten zu Hilfe zu kommen. Im Juli des Jahres 1542 sendeten sie dem Herzoge den Absagebrief und zogen mit so starker Kriegsmacht heran, daß Heinrich an eine erfolgreiche Gegenwehr nicht denken konnte. So verstärkte er in der Eile, so gut er konnte, die Besatzungen seiner Festungen und verließ das Land, um sich bei seinen ligistischen Bundesgenossen nach Hilfe umzusehen. Er wurde in seinen Erwartungen getäuscht. Die Herzöge von Bayern, auf die er fest gerechnet hatte, ließen ihn im Stich, und die Räte des Königs Ferdinand sagten sogar, es sei ihm nach seinen Thaten geschehen[73]. So fiel denn das Herzogtum den Schmalkaldischen fast ohne Schwertstreich in die Hände; am 12. August öffnete Wolfenbüttel, die starke Hauptfestung des Landes, den Siegern die Thore.

Wie hoch die Evangelischen den Sieg schätzten, davon geben Luthers Äußerungen ein deutliches Zeugnis. „Das sei ein wahrhaft göttlicher Sieg," schreibt er an Anton Lauterbach). „Alles sei durch Gott geschehen, er sei das fac totum. Man dürfe hoffen, daß der selige Tag der Erlösung nahe sei". Und in einem anderen Briefe heißt es, „Wunder Gottes seien die Dinge, die gegen Heinz Mordbrenner gethan. Wären sie in früheren Zeiten geschehen, so würden sie große Geschichtswerke hervorgerufen haben" [74].

Die Aufregung des Kriegszuges gab trotz des kaiserlichen Verbots erneuten Anlaß zu mancherlei Flugschriften. Namentlich sind es jetzt neben Reimgedichten eine Anzahl von „schönen neuen Liedern", die der Stimmung der beteiligten Kreise Ausdruck geben.

Noch ehe die Eroberung des Landes vollendet war, entstand „Ein neues Lied von dieser Zeit, wie sich erhebet Krieg und Neid" [75]. Von dem ursprünglich in niederdeutscher Sprache geschriebenen Gedichte ist nur eine hochdeutsche Übersetzung vorhanden. Der Verfasser ist ein ruhiger Beobachter der Verhältnisse, dabei dem Evangelium von Herzen zugethan und erfüllt von der festen Überzeugung, daß Gott der gerechten Sache helfen werde. Er beginnt:

> Es bleibt das alte Sprichwort wahr,
> Es läuft kein toll Hund sieben Jahr,
> Man stellt ihm nach und schlägt ihn tot,
> Auf daß der Schade nicht zu groß
> Möcht reißen ein
> Durch seinen bösen schnöden Sinn.

Das zeigt sich jetzt. Die Papisten haben die armen evangelischen Christen verfolgt mit Mord und Brand, an ihrer Spitze Herzog Heinrich:

> Durch seinen Rat, der Nichtendocht,
> Hat er der Christen Blut gesucht,
> Durch Judas groß
> Hat er sie bracht in große Not.

Aber Gott erhört die Gebete der Seinen und schützt sie gegen ihre Verfolger:

> Dem Gott sein Schwert nun hat gethan,
> Der ist jetzund auf der Bahn,
> Zu strafen wohl dies böse Kind
> Und auch, die seinesgleichen sind;

>   Gott helf ihm fort
>   Und stärke ihn durch Christus' Wort! ...
>
>   Wir wollen flugs zu Streite gan,
>   Gerüst vor unsern Feinden stan
>   Und schlagen drein mit Gottes Macht,
>   Sie müssen vor uns auf die Jagd;
>   Mit uns ist Gott,
>   Mit ihnen ist eitel Spott.

Nach der Eroberung Wolfenbüttels mehren sich die Lieder und Gedichte. Die früheren Anklagen werden darin wiederholt. So heißt es von Dellingshausens Ermordung:

>   Och Hintze, du hefst vorvolget gades word
>   Unde doctor Dellingbusen vormordt
>   Unde to Schening in den wall begraven,
>   Den heft der chorförst laten graven up,
>   Do fand me einen swarten teen in sinem kop;
>   Wat kan he darto seggen?[70]

Auch von Eva von Trott ist wieder die Rede. Man vermutete, der Herzog habe sie auf seiner Flucht mitgenommen; allerdings mit Unrecht. Sie suchte in Halberstadt, später in Gardelegen den Schutz, den ihr die Staufenburg nicht mehr gewähren konnte. Es heißt von ihr:

>   Do dat hus (Wolfenbüttel) ward belecht,
>   Do hadde sik Hintze mit der bulschaft utgedregit,
>   De to Gandersam was entslapen,
>   Dar heft he se begraven lan:
>   De is vom dode weder upgestan,
>   Is dat nicht ein grot mirakel?[77]

Auch das Mordbrennen wird vielfach erwähnt. So heißt es in einem niederdeutschen Liede:

>   Arge list der brukt he vel,
>   Mit mordbrennen und mit liegen,
>   Mit bosen tücken drift he sin spel
>   Jederman kan he bedriegen;
>   Verbrennede Eimbeck, ein schöne stad
>   In sinem egen Lande,
>   De urgicht sulk vermeldet hat,
>   Om to ewiger schande.[78]

Besonders aber ist es die Flucht des Herzogs, welche den Dichtern willkommene Gelegenheit zu bitterem Spotte bietet. Man vergaß, daß für den Herzog ein Widerstand mit den Waffen in der Hand der erdrückenden Übermacht der Feinde gegenüber ohne jeglichen Nutzen gewesen sein würde, und erblickte in der von kluger Berechnung gebotenen Entfernung nichts als Furcht und Verzagtheit. Hatte man früher schon an seinem Mute gezweifelt, so macht jetzt der Parteihaß den sonst doch unerschrockenen Fürsten erst recht zu einem Feigling, der die Seinen treulos im Stiche gelassen. In einem Reimgedicht, dessen Titel „Ein lustig Gespräch der Teufel und etlicher Kriegsleute von der Flucht des großen Scharrhansen Herzog Heinrichs von Braunschweig" genugsam auf den Inhalt schließen läßt [79], klagt einer seiner Söldner:

> Es hat sich wahrlich der Herzog wohl bedacht,
> Daß er sich hat von dannen gemacht;
> Hätte er noch so einen kühnen Mut,
> So weiß er, daß weit davon ist für den Schuß gut.

Ein niederdeutsches Lied erinnert wieder daran, wie Heinz schon mehr als zwanzig Jahre vorher in der Hildesheimschen Stiftsfehde sein Roß zur Flucht gewendet:

> Hertoch Hinrik dacht in sinem mob:
> Verne van is vor den schote gud,
> Ik wil hir nicht lenger beiden,
> Als ik wol hebbe ehr gedan,
> Do se mi wolden den kop toflan
> Up der soltower heide [80].

Besonders scharf tritt der Gegensatz zwischen dem frevelhaften Trotz des Herzog und seiner schimpflichen Flucht hervor in der „Neuen Zeitung von dem verjagten strümpfichten weißen Roß" [81]. Dem Dichter, der sich Günther Strauß nennt, begegnet im lustigen Waldrevier

> Ein weißes Roß, war strümpficht [struppig] gar,
> Dem war zerrissen Haut und Haar,
> Seinen Kopf es niederschlug zur Erd,
> Es führet viel klägliche Geberd.

Hinter dem weißen Roß, das natürlich in Anlehnung an das braunschweigische Wappen den vertriebenen Herzog bezeichnet, läuft „ein wilder Mann, mit grünem Laube angethan", das bekannte Sinnbild des Harzer Bergbaues. Von ihm erfährt der Dichter, wie das flüchtige Tier sich übel gehalten, und wie es deshalb von dem Rautenkranze und den gekreuzten Schwertern Sachsens und von dem rot und weiß gestreiften hessischen Löwen mit Schande ins Elend getrieben sei:

> Der Wildmann sagt: Das strümpficht Roß
> Sein unrein Maul und stolzen Trotz
> Wider Gott und Menschen hat gesatzt,
> Gepocht, gescharrt und greulich tratzt,
> Im Himmel Gott hat pochen wölln,
> Auf Erd die Leut, der große Schelm,
> Bedrangt, geschmäht, gefangen, getödt,
> Beraubt, geschlagen, ohn alle Not,
> Allein aus Frevel und aus Trotz,
> Dadurch gesucht sein eigen Rotz,
> Manch Stadt und Dorf mit Feuer verbrannt,
> Darum er ist Mordbrenner genannt.

Dann werden seine Frevel aufgezählt wider die Stadt Goslar, den Doktor Dellingshausen, Eva von Trott, seine Gemahlin, seinen Bruder Wilhelm, den Bischof von Hildesheim, die Stadt Braunschweig. Im ganzen Reiche deutscher Nation hat das Roß durch seine Machinationen Unheil angerichtet. Es ist schlimmer als Pharao Saul und Judas, schlimmer als Isabel, „das böse Tier, das geworfen ward den Hunden für", schlimmer als Nero, Caligula, Domitian und Kommodus,

> Dem Katilina sieht es gleich,
> Kein größer Bub im Römischen Reich
> Hat nicht gelebt als dieses Tier.

Jetzt ist die Strafe gekommen. Der Kurfürst und der Landgraf schickten dem Schelm die „Abklage" ins Haus,

> die macht ihm bang,
> Das Roß das säumet sich nicht lang,
> Sein Herz das ward ihm feig, so vor
> Auf Rosen ging nur hoch empor;
> Denn Gottes Straf war vor dem Thor.
> Es hub sich bald das strümpficht Roß,
> Auf seine Feste es nicht verloß (verlassen)
> Sich wollt, sein Land den Rücken es wandt,
> Stahl sich davon mit großer Schand.]

In einer seiner Streitschriften hatte der Herzog gedroht, den sächsischen Rautenkranz in Stücke zu reißen, und dem gestreiften hessischen Löwen, der hessischen bunten Katze, wie er sie nannte, sowie den gekreuzten Schwertern des kurfürstlichen Wappens hatte er stolz sein weißes Roß und den welfischen Löwen entgegengestellt. Nun es anders gekommen, spottet der Landsknecht Bruder Veit in seiner „Treulichen Warnung":

Solche Salsen vom Rautenkranz gehört auf den untreuen Mann,
Der mit seinem weißen Schelm (Schimmel) das aufzufressen gedacht,
Aber wie bitter das wäre, aber das Ende nicht betracht.
Viel weniger hat er gedacht an die Katzenelnbogischen Katzen,
Die wahrlich, wann sie bewegt, kann auch kratzen".

In ähnlicher Weise singt ein niederdeutscher Dichter:

De lauwe de brauwete dem rutenkranz,
He wolde om gar toriten:
De tene sind om worden stump,
He kan om ja nicht biten. . . .

De lauwe bod der katten trotz,
Se schölde man fri kommen,
Allein bewaren ore ehre und gunst,
Nichts mer utgenommen. . . .

De katte schref einen feidebref,
Se wolde de schöttelen licken,
Dat he dat wüste to rechter tid
Und konde sik darto schicken.

Se pruste dem lauwen in sin nest,
De buren worden vorzaget,
De steine flogen in der fest,
Dem adel dat mishaget.
Se ergeven sik, de bernebroder (Brandbrüder),
Darto der dummen katten!
God warb de sinen vordan bewaren
Vor kappen und vor platten. . . .

De lauwe heft sin nest verlorn,
Wat wil he nun beginnen?
Dat deit om utermaten weh,
He kant nicht weder winnen.
Vel Propheten vertellen groter ding.

> De Hinze noch werde bedriven,
> Averst wem god verworpen hat,
> De mut wol liggen bliven⁶³.

Durchweg wird in den Pamphleten die Niederlage des Herzogs als eine Strafe Gottes für seine Frevel, besonders für seine Feindschaft gegen das Evangelium aufgefaßt. So beginnt ein „schön neu Lied":

> Herr Gott im allerhöchsten Thron,
> Wer kann dir doch voll danken,
> Daß du denen giebst ihrn rechten Lohn,
> Die wider dein Wort zanken,
> So augenscheinlich, wie man sicht
> An dem gottlosen Fürsten
> Von Braunschweig Herzog Heinrich,
> Tränkst ihn, wie ihn thut dürsten,
> Wie konnt er dir entrinnen?⁶⁴

Und in einem „hübschen neuen Liede" heißt es:

> Herzog Heinrich, bist du ein Christenmann?
> Du hast viel böser Stück gethan,
> Darum wird man dich strafen;
> Der Landgraf liegt dir in deim Land,
> Daraus mußt du entlaufen.
>
> Dir geschicht gleich als dem Pharo recht.
> Vor warst du Herr, jetzt bist du Knecht,
> In das Elend bist du kommen;
> Deine Söhne hast dahinten gelan,
> Dein Gewalt ist dir genommen⁶⁵.

Es ist bereits erwähnt, daß Herzog Heinrich bei seinen katholischen Bundesgenossen nicht die erwartete Hilfe fand. Darum läßt ihn ein unbekannter Dichter in dem Reimgedicht „Bekenntnis und Klage Herzog Heinrichs von Braunschweig" sich darüber beschweren, daß seine Freunde ihm lohnen, wie ein Henker seinem Knecht zu lohnen pflegt:

> Zuvor bin ich ihr Trost und Held,
> Ihr Hauptmann und ihr Gott gezählt:
> Zwar jetzund denken sie, du bist nicht wert,
> Daß dich vor uns träget die Erd.
> Hätt mich nicht versehen zu den Verwandten mein,
> Daß ich also sollt verlassen sein!⁶⁶

51

Besonders interessant sind unter den Pamphleten des Jahres 1542 vier Gedichte des bekannten Fabeldichters Burkard Waldis. Der Dichter hatte wenige Monate vorher in Wittenberg zu Luthers Füßen gesessen und war dann in seine hessische Heimat zurückgekehrt, um dort als ehrwürdiger Pfarrherr sein vielbewegtes Leben zu beschließen. Zur Zeit des Braunschweigischen Feldzuges befand er sich im Gefolge des Landgrafen und wurde so ein Zeuge der Eroberung Wolfenbüttels. Seine Streitgedichte dürfen neben den Pamphleten Amsdorfs und Luthers als Ausfluß der Stimmung angesehen werden, welche in den Kreisen der evangelischen Geistlichkeit Herzog Heinrich gegenüber vorherrschend war.

Dankbarkeit gegen Gott ist der Grundton, der sie durchklingt. Wunderbar hat der Herr den Seinen geholfen im Kampfe gegen den übermütigen Feind und wird auch ferner die „stolzen Geister", die sein heiliges Wort verachten, mit seiner strafenden Hand zu finden wissen. Daneben macht bitterer Spott sich geltend über den landflüchtigen Herzog, über den wilden Wolf, der so manches unschuldige Lamm gebissen und gefressen, und dem nun „sein Nest verstöret, sein Balg zerrissen" ist. Gar wehmütig läßt der Dichter ihn klagen:

> O weh mir armen Welfen,
> Wie ist mein Not so groß!
> Will mir kein Freund jetzt helfen,
> Wie steh ich hie so bloß!
> Auf die ich mich verlassen han,
> Sein all von mir abgetreten,
> Sind nicht einen treuen Mann!

In dem Reimgedicht „Wie der Lykaon von Wolfenbüttel in einen Mönch verwandelt ist" wird der Welfenherzog geradezu mit dem wilden Arkadierkönige Lykaon identifiziert, den Jupiter zur Strafe für seine blutdürstigen Frevel zum Wolf hat werden lassen. Lange Zeit hat derselbe im Reiche der Tiere gewütet, bis zwei fromme Hirten (Kurfürst und Landgraf) die jammernden Schafe erretten. Nur mit Mühe entrinnt der Wolf und

> Nun geht der arme verlaßne Tropf
>   Verzagt dahin und hängt den Kopf.
> Sucht Hilf bei seinen Bundsgenossen,

Auf die er sich hat stets verlassen,
Und find't doch keine Hilf bei keim,
Er klopft, da ist niemand daheim.

In seiner Not sucht der Wolf Zuflucht in einem Kloster und wird den Mönchen gleich

in allem Wesen
Mit Morren, Beten, Singen, Lesen,
Mit Sauersehen, Knien und Bücken
Und all dergleichen geistlichen Stücken.

Aber der Dichter hält die Umwandlung des Wolfs für eitel Spiegelfechterei; denn

Im Sprichwort sagt beid alt und jung:
Einen Mönch macht die Verzweifelung,
Und wenn der Wolf ist in den Nöten
Und sich besorgt, man möcht ihn töten,
So thut er's Fleischessen verloben.
Will Wurzeln aus der Erde graben,
Damit er Hungers sich mög wehren,
Im Schweiß seins Angesichts ernähren;
Sobald er aber findet Raum
Und dem Unglück entkommet kaum,
Schreit er: Lamm! Lamm! tragt immer her!
Und folgt seins Vaters Art und Lehr.

Den Anlaß zu der bitteren Satire vom Lykaon, der ein Mönch geworden ist, gab dem Dichter der Umstand, daß der flüchtige Herzog eine Zeit lang in dem Emmeramskloster zu Regensburg gastliche Aufnahme gesucht und gefunden hatte. In einem anderen Reimgedicht läßt er ihn im Hinblick auf die braunschweigischen Wildemannsthaler mit der Devise: Iustus non derelinquitur als den „Wilden Mann von Wolfenbüttel" auftreten. Derselbe hat

so hoch aufgemutzt,
Daß er Gott und seinen Heil'gen trutzt,
Sich alles zu fressen unterstanden.
Was sich nur regt in deutschen Landen,
War ein Scharrhans und Eisenfresser,
Ein Lästerer und Gottsvergesser,
Ein Gottloser und Gottesversucher,
Seins Worts und der Wahrheit Verflucher,

> Ein Schänder und ein Leutverdrießer,
>   Mordbrenner und ein Blutvergießer,
> Ein Mameluck, ein bös Papist,
>   Ein Ketzer und ein Widerchrist,
> Ein herzloser, verzagter Krieger,
>   Ein Lügner und ein Leutbetrüger,
> Ein Gliedlöser und Augenblender,
>   Ein Ehebrecher und Frauenschänder,
> Ein Erzfeind aller frommen Fürsten,
>   Der sich nach Unglück stets ließ dürsten,
> Wollt oben aus und nirgend an,
>   Mezentius, der Wilde Mann;
> Ließ bei ihm Lästern, Fluchen, Schelten
>   Viel mehr denn alle Tugend gelten.
> Das war der Welf von Wolfenbüttel:
>   Jetzt ist er nur ein Aschenbrüttel,
> Beißen und bellen ist ihm verboten,
>   Weil all seine Macht in die Aiche gesotten u. s. w.
> . . . .
> Nun läuft der Mann dahin ins Wild,
>   Wie er ihm selbst hat gemalt ein Bild,
> Setzt auch den schönen Spruch dafür:
>   Iustus non derelinquitur,
> Der Gerechte wird nimmermehr verlassen,
>   Und darf sich solches Spruchs anmaßen,
> Der sich zu ihm reimt gleich so viel
>   Wie der Esel zum Saitenspiel.

Vielmehr haben gerade die Evangelischen ersehen, daß Gott ihre gerechte Sache nicht verläßt:

> Er hat verloren Land und Leut,
>   Die Unsern han erjagt die Beut,
> Vertrieben von seim starken Schloß,
>   Gestoßen von seim weißen Roß,
> Dahinter geht er jetzt zu Fuß,
>   Sein Vaterland er meiden muß.

Nun möge sein Schicksal denen zur Lehre dienen, die wie er es treiben; denn

> Die Spötter und die bösen Buben
>   Fallen gemeinlich in die Gruben,
> Die sie eim andern han gegraben,
>   Und müssen selbst das Unglück haben.

Zum Schluß mögen hier zur Charakteristik der Pamphlete des Jahres 1542 noch einige Verse aus einem Liede Platz finden, in dem der Herzog in schmerzlicher Verzweiflung seinem alten Freunde, dem Kardinal-Erzbischof von Mainz, zuruft:

> O weh mir Heinz von Wolfenbüttel weh!
> Wie geschieht mir und dir immer so weh!
> Was haben ich und du gethan,
> Verbrannt, ermordet so manchen Mann!
>
> Viel Weiber gebraten und viel Kind,
> Die uns nie feind gewesen sind:
> Nun schreiet über uns ihr Blut
> Und treibet mich zur Höllenglut.
>
> Warum hab ich gefolget dir?
> Das nun der Teufel lohnet mir,
> Wird auch bald darnach holen mich,
> Mich und dich peinigen ewiglich.
>
> Verflucht seien in ewigen Tod,
> Wer mir je geholfen hat,
> Fürst, Adel, Bürger oder Baur!
> Wie haben sie's mir gemacht so sauer!
>
> Ach weh, ach weh und immer weh,
> Weh mir, weh und allezeit weh!
> Alle Teufel holen mich hin,
> Mainz, folg und bleibe, wo ich bin!⁵⁴

Während so in Liedern und Gedichten die triumphierende Stimmung der protestantischen Partei sich Luft machte, waren die schmalkaldischen Fürsten und Stände in nicht geringer Unklarheit darüber, was aus dem eroberten Fürstentum werden sollte. An eine Restitution des vertriebenen Herzogs dachte wohl niemand: das Land unter die Hand des Kaisers zu stellen, verbot die nur allzu bekannte Ländergier des habsburgischen Hauses; dem Vorschlage, einen Sohn Heinrichs mit dem Herzogshut zu bekleiden, widersetzte sich der Landgraf. Am liebsten hätte er wohl selbst das welfische Erbe an sich genommen, und auch die Stadt Braunschweig hätte gern eine Teilung der Beute gesehen; aber daran war bei dem Widerspruch der Agnaten, der drohenden Haltung des Kaisers, der Eifersucht der übrigen Reichsstände vorderhand nicht zu denken. So blieben denn einstweilen die Dinge in der Schwebe. Man ließ Ritterschaft und Prälaten, Bürger und Bauern der Schmalkaldischen Einung den Huldigungseid leisten und bildete eine gemischte Kommission, die von Wolfenbüttel aus das Land regieren sollte. Der sächsische Statthalter Bernhard von Mila und der hessische Kanzler Heinrich Lersener waren die einflußreichsten Mitglieder derselben.

Zu den ersten Maßregeln der neuen Regierung gehörte die Einführung der Reformation. Schon politische Rücksicht forderte dazu auf; denn nur so konnte man hoffen, für den Fall einer Rückkehr des Herzogs die Unterthanen zu Bundesgenossen zu haben. Bei dem Kurfürsten stand das religiöse Interesse hinter dem politischen nicht zurück. Für sein im evangelischen Glauben fest gegründetes Gemüt war es Bedürfnis, der reinen Lehre immer weitere Verbreitung und Vertiefung zu schaffen, und so hatte er von vornherein allerorten, wohin er kam, das papistische Kirchenwesen, das ihm als Teufelswerk erschien, abgeschafft und durch evangelische Prädikanten das Wort Gottes verkündigen lassen.

Die Aussichten auf eine bereitwillige Aufnahme der kirchlichen Reform waren nicht ungünstig. Trotz aller Strenge und Wachsamkeit des Herzogs fehlte es unter dem Adel nicht an Freunden des Protestantismus; die Bürger der Städte waren durchweg der neuen Lehre zugethan, nirgend mehr als in Helmstedt; von den Klosterbrüdern war mancher aus der engen Zelle entwichen und hatte die geschorene Platte des Hauptes verwachsen lassen, und es hatte nicht an Beispielen gefehlt, daß Jünglinge des Fürstentums sich von dem Durst nach evangelischer Belehrung hatten gen Wittenberg treiben lassen.

So konnte denn die Kommission, welche bald nach der Eroberung des Landes zur Durchführung der Reformation berufen war, mit gutem Mut ihre Arbeit beginnen. Sie hätte kaum glücklicher zusammengesetzt sein können. An der Spitze stand Bugenhagen, der treueste von Luthers Getreuen und in dergleichen Geschäften wie kein anderer erfahren. Bereits vierzehn Jahre zuvor hatte er in der Stadt Braunschweig die Reformation durchgeführt und inzwischen auch in Hamburg und Lübeck, in Pommern, Dänemark und Holstein die kirchlichen Verhältnisse geordnet. Neben ihm hatte man Anton Corvinus, den würdigen Reformator des Herzogtums Calenberg Göttingen, und Martin Görlitz, den frommen und gelehrten Superintendenten der Stadt Braunschweig, als Helfer gestellt. Einige Herren vom Adel wurden den Theologen beigeordnet, um den Anordnungen derselben Nachdruck zu verleihen.

Vier Wochen lang durchzog die Kommission das Fürstentum. An geeigneten Orten mußten vor ihr aus der Umgegend die Herren vom Adel, die fürstlichen Beamten, die Ratsherren der Städte, die Alterleute der Dörfer, die Pfarrherren und Küster, die Äbte, Pröpste und sonstigen Klosterpersonen erscheinen, um Auskunft zu geben und Weisungen zu empfangen. Man verbot die Messe samt den übrigen katholischen Ceremonien, befahl den Geistlichen, nach dem Augsburgischen Bekenntnis sich zu richten, setzte, wo es nötig und soweit es möglich war, evangelische Prediger ein, bestellte Aufseher und Superintendenten, regelte das Schulwesen, verzeichnete die Güter der Kirchen und Klöster — kurzum, man ordnete die Verhältnisse, so gut es Zeit und Umstände gestatten wollten. Nach der Neigung der Leute fragte man nicht, und der persönlichen Überzeugung schenkte man keine Beachtung. Denn Glaubensfreiheit war noch nicht zu einem Menschenrechte geworden, und die Wahl der Konfession stand kaum erst den Fürsten und Ständen zu. Wer daher den getroffenen Anordnungen sich widersetzte, wurde streng verwarnt und, wenn er hartnäckig bei seiner Unfügsamkeit beharrte, des Landes verwiesen. Aber nur selten war eine solche Maßregel erforderlich. In vielen Fällen bereitete die schon vorhandene Liebe zum Evangelium der Reformation eine freudige Aufnahme; daneben waren Furcht, Gewinnsucht und Gleichgültigkeit die kräftigen Hebel, welche den Widerspruch aus dem Wege schafften.

Jedenfalls schien der Anfang erfreulich genug, um eine gute Entwicklung hoffen zu dürfen; aber es dauerte nicht lange, so geriet das gute Werk ins Stocken, und statt der erstrebten Ordnung trat in Kirchen und Schulen ein Zustand trostloser Verwirrung ein. Es half wenig, daß Doktor Pommer eine besondere Kirchenordnung für das eroberte Gebiet verfaßte. Es fehlte der gute

Wille und die starke Hand, um ihren trefflichen Bestimmungen Kraft und Geltung zu verschaffen. Predigt und Sakrament wurden vernachläſſigt, die Geiſtlichen lebten und lehrten, wie es ihnen gut dünkte, und allerorten nahm ſittliche Verwilderung und Zuchtloſigkeit bei hoch und niedrig überhand.

Die Schuld der unerfreulichen Zuſtände iſt dem Verfahren der Sieger und insbeſondere der Schwäche, dem Eigennutz und der Willkür der zu Wolfenbüttel eingeſetzten Regierung zuzuſchreiben. Burkard Waldis weiß zwar davon zu ſingen, daß bei dem Anzuge der Schmalkaldiſchen den Feinden auch nicht ein Hühnlein geſchenkt ſei. In Wahrheit haben aber die Landsknechte der proteſtantiſchen Partei im Gebiet des Welfenherzogs nicht humaner gehauſt, als die verwilderte Soldateska es damals überall zu thun pflegte. Beſonders die Klöſter hatten ſchwer unter der Raubſucht des fremden Kriegsvolkes zu leiden: im Lorenzkloſter bei Schöningen war wenig mehr als die nackten Mauern übrig geblieben. Die Bevölkerung Braunſchweigs wetteiferte mit dem Soldatengeſindel an Raubſucht und Zerſtörungswut. Die benachbarten Klöſter Riddagshauſen und Steterburg wurden von ihr verwüſtet und ausgeplündert. Alle fahrende Habe an Kleinodien und Vorräten ſchleppte man fort, zerbrach die Altäre, verſchüttete die Hoſtien, zertrümmerte die Bilder, machte aus den Kirchen Pferdeſtälle und warf die koſtbaren Handſchriften und Dokumente den Tieren als Streu unter die Füße. Selbſt Leichen riß man aus den Gräbern, beraubte ſie des Geſchmeides und warf ſie den Schweinen zum Fraße vor. Die Fürſten thaten ihr möglichſtes, um die wilden Rotten in Zucht zu halten; aber ſie waren machtlos gegen ein Unweſen, das durch Gewohnheit und Kriegsbrauch geſtützt ward. Die Einſetzung der Statthalter brachte keine Abhülfe. Für die Fürſten ſollten ſie wenigſtens die bedeutenden Kriegskoſten herausſchlagen, für ſich ſelbſt ſuchten ſie den unſichern Beſitz möglichſt vorteilhaft auszunutzen, um nicht mit leeren Taſchen in die Heimat zurückkehren zu müſſen, und wer es mit ihnen hielt, glaubte ſich gleichfalls berechtigt, an ſich zu raffen, was irgend ſich gewinnen ließ. Beſonders die Kirchen und Klöſter hatten unter dem Raubſyſtem der Fremdherrſchaft zu leiden, und ſehr bezeichnend ſchreibt der

Landgraf: „Es möchten euer ein Teil ganze Klöster hinweg=
genommen haben, wenn man's ihnen gegeben hätte!" In dem
wüsten Leben, das die Herren von der Regierung auf dem Schlosse
zu Wolfenbüttel führten, verhallten die Klagen, mit denen die
bedrückten Unterthanen um Abhilfe schrieen. An eine Befestigung
der kirchlichen Verhältnisse, an eine Förderung der sittlichen
Zustände zu denken, kam niemand in den Sinn. Wer will es
da dem armen Volke verargen, daß es seine Sympathieen einer
Lehre versagte, deren unwürdige Vertreter weder den Willen noch
die Kraft besaßen, dem Unwesen zu steuern? Vergeblich klagt
Luther: „Der fröhliche Sieg wird durch böse Gerüchte verun=
staltet. So groß ist die Raubsucht der Unsern, daß die Ein=
wohner gar bald wieder nach ihrem Mezentius verlangen werden.
Es kommt das Ende, es kommt das Ende!"[89]

Inzwischen ließ Herzog Heinrich kein Mittel unversucht, um
wieder in den Besitz seines Fürstentums zu gelangen. Auch bei
dem Kaiser ließ er es nicht an Bemühungen fehlen. Der aber
hatte die protestierenden Stände für seine Kriege nötig und wollte
ein gutes Einvernehmen mit ihnen, „es sei dem Papste lieb oder
leid". Granvella sagte, „Heinrich habe verdient, was ihm wider=
fahren, er sei an allem schuld"[90]. Besonders den Landgrafen
suchte die kaiserliche Politik auf alle Weise sich zu verbinden.
So blieben denn die Verhandlungen, die 1543 und 1544 auf
den Reichstagen zu Regensburg und Speier über die braun=
schweigische Angelegenheit geführt wurden, ohne Erfolg. Als einige
Mitglieder des Bundes zur Rückgabe des Fürstentums geneigt
waren, meinte der Landgraf, man dürfe die evangelischen Unter=
thanen nicht wieder dem Wolfe befehlen[91], und auch die Witten=
berger Theologen sprachen sich mit Entschiedenheit gegen die Re=
stitution des Herzogs aus[92].

Welche Stimmung im Frühjahr 1544 zur Zeit des Speierschen
Reichstages in den evangelischen Kreisen herrschte, läßt eine pseu=
donyme Flugschrift erkennen, welche den Titel führt: „Ein wun=
derlich, seltsam und neu Geburt des Babylonischen alten und
jetzund neuen Waldochsen, im Herzogtum Braunschweig geboren,

samt dem Summario seiner vollbrachten Unthaten ꝛc."⁹³. Der alte Waldochse ist der König Nebukadnezar, von dem der Prophet Daniel zu erzählen weiß, er sei wegen seines Übermuts aus der menschlichen Gesellschaft verstoßen und habe Gras gefressen wie Ochsen; nachdem er aber sich bekehrt habe, sei er wieder zur Vernunft und zu seinen königlichen Ehren gekommen. Der neue Waldochse ist Herzog Heinrich. Gott hat ihn wegen seiner Frevel vertrieben. Verharrt er in seinem Stolz, und meint er, durch seine oder anderer Leute Gewalt in sein Land wieder hineinzukommen, Gott zum Trutz, so ist er verloren und „muß bis an sein Ende Heu fressen". Nur Demütigung vor Gott kann ihm helfen. „Wenn nun der Gott", so schließt die für die Kenntnis der Tagesstimmung nicht uninteressante Schrift, „der den neuen Waldochsen (wollte Gott, daß er sich also erkennt!) ausgehoben, wieder gut braunschweigisch wird, so muß er [in sein Land] einkommen; alldieweil aber das nicht, so ist alles Praktizieren verloren; denn der aller Menschen Königreiche Gewaltige ist wider ihn und macht alle seine Anschläge zunicht durch den Engel, der vor ihm steht mit bloßem Schwert, so lange bis er ihn, Gott, lernt erkennen und seine Sünde beklagen, wie der Nebukadnezar gethan. Dazu helfe ihm und uns allen Jesus Christus! Amen."

Im folgenden Jahre (1545) wurden zu Worms die Verhandlungen wegen des Herzogtums Braunschweig wieder aufgenommen. Der Kaiser hatte inzwischen durch den Frieden zu Crespy für die Ordnung der deutschen Verhältnisse freie Hand gewonnen und brauchte auf den Landgrafen keine Rücksicht mehr zu nehmen. Mit großem Ernst verlangte er daher, daß ihm das eroberte Land zur Sequestration durch zwei von ihm zu benennende Reichsfürsten übergeben werde. Die Schmalkaldischen waren denn auch angesichts der veränderten politischen Situation bereit, sich zu fügen; aber Heinrich, der die Ländergier der Habsburger kannte und auf diese Weise erst recht seines Erbes verlustig zu gehen fürchten mußte, verließ Worms, ohne die Kapitulation unterzeichnet zu haben. Die Uneinigkeit der Gegner, ihre Fügsamkeit gegen den Kaiser gaben ihm die Hoffnung, daß er sein Land mit eigener Faust wiedergewinnen könne. So blieb das Herzogtum einstweilen noch im Besitz der Schmalkaldischen.

Die hoffnungsvolle Stimmung des Herzogs spricht sich in einem Liede aus, das um jene Zeit in seiner Umgebung gesungen sein muß". Es führt die Überschrift: „Heinzens Lied wider die Evangelischen" und ist nur noch in einer hochdeutschen Übersetzung aus dem Niederdeutschen vorhanden. Es läßt die Gegner des Herzogs zu einem Tanze sich vereinigen, zu dem Luther die Musik macht. Auf ihn beziehen sich folgende Verse:

> Den Tanz hat vorgesungen
> Ein wütend Eberschwein,
> Vom Wald hereingedrungen,
> Das schwarz Waldbrüderlein,
> Lange Zeit mit scharfen Zähnen
> Gebissen um sich her,
> Thut keinen Mann verschonen,
> Der nicht will pfeifen wie er.
>
> Schau, was ist guts entstanden
> Aus deiner berühmten Lehr?
> All Bosheit ist vorhanden,
> Nimmt zu je länger je mehr;
> Der Glaube schwebt auf der Zungen,
> Die Liebe ist worden kalt:
> Wie du das Lied gesungen,
> So tanzen jung und alt.

Besonders giftig ist der Dichter gegen die bunte Katze von Hessen. Er ruft ihr spöttisch zu:

> Bunt Kätzlein, halt dich feste,
> Hab acht wohl auf dein Spiel,
> Bleib in deim hungrigen Neste,
> Friß Speckes nicht zu viel!
> Mit Bös hast du vergolten
> Das Gute an dir gethan:
> Der Lau führte dich in Hulde,
> Hast ihm geben bösen Lohn.
>
> Bunt Kätzlein, halt dich feste,
> Mach Murrens nicht zu viel;
> Du lädst viel fremder Gäste,
> Setze du ein anderes Ziel!

Vor dir bleibet nichts stille,
Willst des Lauen Acker han:
Dafür er dich wird sillen,
Dein Fell zum Kürschner thon.

Herzog Heinrich ließ es bei den Drohungen nicht bewenden. Schon 1544 hatte er ernstlich an kriegerische Rüstungen gedacht und geäußert, „er wolle nach Wittenberg und da Doktor werden"[95]. Im Herbst 1545 brachte er mit französischem Gelde ein starkes Heer zusammen und nahm im September 1545 das Herzogtum, ohne Widerstand zu finden, bis auf Wolfenbüttel in Besitz. Überall beseitigte er die neuen Kircheneinrichtungen, vertrieb die Geistlichen, die nicht zu den alten Lehren und Gebräuchen zurückkehren wollten, und ließ die nach evangelischem Ritus getauften Kinder einer abermaligen Taufe unterziehen[96]. Aber schon eilte der Landgraf herbei, kursächsische Truppen und Herzog Moritz von Sachsen vereinigten sich mit ihm. Herzog Heinrich zog ihnen entgegen, in der Gegend von Northeim kam es zum Treffen. Das Glück war nicht auf Heinrichs Seite, und Herzog Moritz, der vom Kaiser beauftragt war, zu Gunsten Heinrichs zu vermitteln, konnte es nicht verhindern, daß der Herzog samt seinem ältesten Sohne Karl Viktor am 11. Oktober des Landgrafen Gefangener ward. Der Sieger ließ den ehemaligen Freund nach der Festung Ziegenhain abführen. Es schien, als ob im Fürstentum Braunschweig die Herrschaft des Schmalkaldischen Bundes nun doch noch Bestand gewinnen sollte.

Die Flugschriften, zu welchen der siegreiche Feldzug den Evangelischen Anlaß gab, beschränken sich zum großen Teil auf eine Darlegung der historischen Vorgänge, so besonders die „Neuen Zeitungen", von denen einige auf unsere Zeit gekommen sind[97]. Nur selten tritt in diesen Referaten hervor, was auf die Stimmung des Tages schließen ließe, doch fehlt es auch hier nicht an einem gelegentlichen Ausfalle gegen den „deutschen Türken, neuen Pharaonem und Saulum, den man sonst Herzog von Braunschweig nennet"[98].

Von den Reimgedichten jener Zeit möge nur eins Erwähnung finden. Sein Titel: „Triumph des durchlauchtigen Schmöckers Heinrichs des Jüngern von Braunschweig, obersten

Gubernatoren aller papistischen Meuterei und Unart" genügt, um den Inhalt zu kennzeichnen"⁹⁹.

Die „schönen neuen Lieder" von denen mehrere auf unsere Zeit gekommen sind, gehen zum Teil sehr genau auf den Verlauf der Ereignisse ein. So singt ein Dichter von der Gefangennahme des Herzogs:

> Der Landgraf sagt zum Herzog an:
> „Wilt du dich gefangen geben?"
> Herzog sagt: „Ja, Herr, ich will's then!"
> Der Sohn hielt auch daneben,
> Gab sich auch ganz gutwilliglich.
> Der Langraf redt ganz zorniglich:
> „Du loser Mann, was zeucht dich,
> Daß du mir wolltst nehmen's Leben?"
>
> „Brief, Siegel, dein geschwornen Eid
> Hast du allsamt zerbrochen,
> Nit fürstlich gelebt, das ist mir leid;
> Ich bin an dir schon gerochen;
> Will dich besser, dann du würdig bist,
> Halten jetzt zu dieser Frist,
> Wiewohl's vor Gott die Wahrheit ist:
> Hättst konnt, hättst mich erstochen"¹⁰⁰.

Und in einem andern Liede heißt es:

> Sie führten ihn aus dem Haufen
> Mit Karol seinem Sohn,
> Als wären sie zu kaufen.
> Ins Elend müssen sie gon . . . .
> Das mag man sagen hie und dort,
> Daß seider Adams Zeiten
> Solch Buße ward nicht gehört¹⁰¹.

Die alten Skandalgeschichten treten in den meisten der Flugschriften jener Zeit, namentlich in den Liedern, so gut wie ganz zurück. Sie hatten im Laufe der Jahre für das Publikum das Interesse verloren, und angesichts der dunkeln Wolken, die sich dichter und dichter gegen die Protestanten am politischen Horizonte zusammenzogen, war es nicht mehr recht an der Zeit, aus ihnen Kapital zu schlagen.

In der That war die Lage äußerst bedenklich. Der Kaiser

hatte den ernstlichsten Willen, sich im Reiche als Herr und Gebieter zu zeigen. Die Römischen erhoben überall das Haupt. Es war niemand verborgen, daß der Ausgang des Braunschweigischen Krieges von der größten Bedeutung war. Ein „panischer Schrecken" verbreitete sich in Wittenberg, als man von dem Anzuge des wilden „Lykaon" hörte[102]. „Man kämpfe nicht", so schreibt Melanchthon, „um die dem Lykaon abzujagende Beute, sondern um den Bestand aller evangelischen Kirchen"[103], und Luther meinte, „jetzt bräche der Pfaffenkrieg aus, der schon länger als zwanzig Jahre gedroht. Man wisse recht wohl, daß die papistischen Pfaffen und Bischöfe dem Herzoge das Geld dazu gegeben hätten. Dem Kaiser sei nicht zu trauen"[104].

So erscheint denn auch in den evangelischen Liedern jener Zeit der Sieg über den Herzog als ein überaus großer Gewinn. Gar freudig singt ein Dichter:

> Frisch auf in Gottes Namen,
> Ihr werten Fürsten Christi groß!
> Fürwahr, ihr macht zu Schamen
> Papisten all auf einen Kloß,
> Daß sie die Köpf schlan nieder
> In großer Erschrockenheit;
> Berupft ist ihr Gefieder,
> Ihr Geld wird ihnen nicht wieder
> Bis nun in Ewigkeit.
>
> Verstoben und verflogen
> Sein bald die Eisenfresser groß;
> Hie wollt nicht sein verzogen,
> Flohn all, als wärn sie nackt und bloß;
> So geht's den Gottesfeinden,
> Daß sie sich dünken lan,
> Wie sie von schlechten Winden
> Eine große Furcht empfinden,
> Eine Maus sie jagen kann[105].

In einem „Neuen Liede von der Niederlage Herzogs Heinrich von Braunschweig" läßt sich der Dichter vernehmen:

> Freu dich mit großem Schalle,
> Ganz deutsche Nation,
> Dieweile ist gefallen
> Der Bosheit höchste Kron;

Der ihm hat vorgenommen,
Im ganzen deutschen Land
Gotts Wort wollt er verstummen,
Gott hat ihm das verkommen,
Ist worden gar zu Schand.

Gottlob! es ist gefallen
Der teuflisch, grimmig Drach,
Der das Reich und Fürsten alle
Oft bracht in Ungemach.
Zu Ziegenhain auf dem Schlosse
Muß er sein Lager han;
Sein Tück wollt er nicht lassen,
Des muß er mit Verdrosse
Den Spott zum Schaden han [106].

Durchweg erklingt in diesen Liedern, wie auch in vielen aus der früheren Zeit bei aller Parteileidenschaft doch ein tief religiöser Ton und erinnert an den Hauch, der durch Luthers Kampf- und Siegeslied hindurchweht, und an die Glaubensfreudigkeit, in der die Schmalkaldischen auf ihre Fahne die Worte setzten: Verbum Dei manet in aeternum. In solchem Sinne schließt ein Dichter sein „schönes neues Lied":

Ach Gott vom Himmelreiche,
Du väterliche Kraft,
Du regierst ganz wunderleiche,
Kräftig, aus einiger Macht.
Nun gebet Gott die Ehr allein,
Dem soll man billig danken,
Die ganze christliche Gemein.

Nun hat der Zug ein Ende,
Gottes Wort das bleibt bestan;
Er muß in das Elende,
Sein Volk das floh davon;
Und wär der Haufen noch so stark,
So höret Gott die Ehre
Und sein göttlichen Werk [107].

Die Schmalkaldischen standen nach Heinrichs Gefangennahme auf dem Höhepunkte ihrer Macht; sie waren aber in Verlegenheit, was mit dem Gefangenen werden sollte. Die zahlreichen

Verwandten, Freunde und Parteigenossen des Herzogs verwendeten sich angelegentlich für seine Freilassung, und der Landgraf schien auch geneigt, ihnen nachzugeben. Da veröffentlichte Luther kurz vor Weihnachten 1545 auf Anregung des sächsischen Kanzlers Brück ein „Sendschreiben an den Kurfürsten und Landgrafen"[103] und ermahnte darin die Fürsten mit großer Entschiedenheit, gegen dergleichen Bemühungen stark und fest zu bleiben. Der Herzog habe durch seine frühere unerhörte Tyrannei und Wüterei das Vertrauen verloren, und wenn er Buße und Besserung gelobe, so könne das nur eine falsche, fuchsische Buße sein. Den löblichen Verwandten stehe es zwar nicht übel an, für ihren Freund treulich und ernstlich zu bitten: aber Heinrich sei von dem herrlichen Stamme ein ungeratener, störriger, wilder, ungezogener Zweig, sonderlich dem Dienste des Götzen zu Rom ergeben und darüber in große Lästerung Gottes und andere böse Thaten gefallen. Er selbst sei auch nicht steinernen Herzens oder eisernen Gemüts und gönne niemand böses: er wünsche wohl, der Gefangene sei König von Frankreich, sein Sohn König von England, das könne nichts schaden. Hier aber sei zu bedenken, daß Gott dieses Mal nicht allein die Person des Herzogs von Braunschweig, sondern den Papst und den ganzen Körper des Papsttums getroffen und geschreckt habe. Die Papisten seien schon seit vielen Jahren mit bösen Ränken und Tücken umgegangen, bei dem Einfall des Herzogs hätten sie allerorten schon triumphiert, daß nun die Ketzerei ausgerottet und vertilgt werde. Es heiße Gott versuchen, wolle man jetzt ihren hauptsächlichsten Heerführer loslassen. Hernach werde die Reue allzu schwer, vielleicht umsonst sein. Herzog Heinrich habe durch seine vielen Frevel gegen Goslar, den Doktor Dellingshausen, durch den Mordbrand ꝛc. wohl die Hölle verdient; seine Verjagung und sein Gefängnis seien noch gar nicht die rechte, verdiente Staupe, sondern ein Fuchsschwänzlein, damit er säuberlich und gnädiglich zur Buße vermahnt werde. Folge er dieser Mahnung, so werde wenigstens seine Seele gerettet werden. Vorläufig seien die Gedanken des Herzogs noch nicht offenbar; man wisse, daß er den Kriegszug nicht allein vermocht habe, und daß aus Welschland treffliche Rüstung in das deutsche Land geschickt gewesen sei. Werde es laut, daß der Papst oder sonst jemand es gethan, so könne man weiter beratschlagen. Im zweiten Teile vermahnt dann Luther die Evangelischen, daß sie sich ihres Sieges nicht rühmen, sondern Gott die Ehre geben sollen, der allein der rechte Krieger sei und heiße. Sie möchten weder zur Linken noch zur Rechten weichen. Links gingen die, welche sich nicht rüsten wollten, obwohl Gott ihnen die Möglichkeit gegeben, nach rechts aber die, welche sich auf ihre eigene Rüstung, Klugheit und Stärke verließen. Die Mittelstraße heiße: „Gott hat Wohlgefallen an denen, die ihn fürchten und seiner Güte trauen."

Das Sendschreiben ist das letzte Wort, das Luther über Heinrich veröffentlicht hat. Ist es auch viel ruhiger und gemäßigter gehalten, als das Büchlein, in dem er fünf Jahre zuvor Heinz von Wolfenbüttel bekämpft hatte, so zeigt es doch deutlich genug, daß der sittliche Unwille über den trotzigen Feind des Evangeliums noch fest im Herzen des Reformators haftete. Den weiteren Verlauf der braunschweigischen Händel hat Luther nicht mehr erlebt. Schon wenige Wochen nach der Publikation seines Sendschreibens ging er ein zu dem Frieden, nach dem er schon so lange verlangt hatte.

4.
Schluß.
1547—1568.

Die Trauerglocken, welche Luthers Tod in Bewegung gesetzt hatte, waren kaum verklungen, als der Krieg zwischen dem Kaiser und den Protestanten zum Ausbruch kam. An der Donau und auf der Lochauer Heide sank die Macht des Schmalkaldischen Bundes in den Staub. Da nahm im Herzogtum Braunschweig das ungeordnete und gewaltthätige Regiment, das die Statthalter der Einigung nur zu lange zum Verderben des Landes von Wolfenbüttel aus geführt hatten, ein rasches Ende. Für Heinrich öffneten sich die Thüren seines Gefängnisses, im Sommer des Jahres 1547 kehrte er in das Erbe seiner Väter als Herrscher zurück. Vor seiner Entlassung aus Ziegenhain hatte der Herzog in einem mit dem Landgrafen abgeschlossenen Vertrage versprochen, „er wolle niemand im Lande Braunschweig-Wolfenbüttel von seiner Religion dringen, noch auch die Städte Goslar, Braunschweig und Hildesheim oder deren Unterthanen der Religion halber beschweren"¹⁰⁹; trotzdem ließ er es nicht an ernstlichen Versuchen fehlen, den Katholizismus in seinem Lande in die verlorenen Positionen zurückzuführen, zunächst im Sinne des vom Kaiser als Reichsgesetz erlassenen Interims. Nur die Stadt Braunschweig widerstand mit Erfolg seinen katholisierenden Bestrebungen; in den übrigen Teilen des Landes lasen die Pfaffen wieder die Messe, wie sie es vor der schmalkaldischen Occupation gethan; nur wenige mieden um des evangelischen Glaubens willen das Land.

Mit der Zeit milderte sich Heinrichs Abneigung gegen das evangelische Christentum, und in demselben Maße gewann die Religion, die ihm in seiner Jugend und in seinen Mannesjahren wenig mehr als äußere Form gewesen, in seinem Herzen Raum und Geltung. Das Unglück übte an ihm seine läuternde Kraft. Schon in Ziegenhain hatte er fleißig in der Bibel gelesen und mit Geduld und Ergebung sein Los tragen gelernt¹¹⁰. Als dann im Jahre 1553 die Schlacht bei Sievershausen ihm seine beiden hoffnungsvollen ältesten Söhne raubte, da stand er zwar ohne Thränen und ohne ein Wort der Klage an ihrem Sarge, aber der Schmerz haftete doch tief und lange in seinem Gemüte¹¹¹. Man darf nicht zweifeln, daß er erkannte, wie mißlich es ist, wenn ein Mann sich auf Menschen verläßt und Fleisch hält für seinen Arm. Mit dem zunehmenden Alter schwand mehr und mehr das Ungestüm und die Leidenschaft. Er wurde versöhnlicher, trat zu der Stadt Braunschweig wieder in ein freundliches Verhältnis, selbst mit dem Landgrafen kam im Jahre 1553 ein Ausgleich zu Stande¹¹². Das Wohl seiner Unterthanen lag ihm redlich am Herzen, und mit treuem Eifer war er bemüht, nach Kräften die Wunden zu heilen, die seine vielen Fehden und Kriege dem Lande geschlagen hatten.

Für seine Person blieb der alternde Heinz der römischen Kirche treu, aber er duldete evangelische Männer in seiner Umgebung und gewöhnte sich an den Gedanken, in seinem protestantischen Sohne Julius seinen Nachfolger zu sehen. Gegen Ende seiner Regierung gestattete er sogar in seinem Fürstentum das Abendmahl unter beiderlei Gestalt, und als ihm hinterbracht wurde, sein Hofgesinde habe in der fürstlichen Kapelle das Lutherische Lied „Es woll uns Gott genädig sein" angestimmt, erwiderte er ablehnend: „Ei, soll uns denn der Teufel gnädig sein?"

So ward Herzog Heinrich nach Jahrzehnten der Unruhe ein friedlicher Lebensabend zu teil. Sanft und gottergeben entschlief er am 11. Juni 1568 zu Wolfenbüttel in der Burg seiner Väter, ein fast achtzigjähriger Greis. Was ihn ein Vierteljahrhundert vorher für die Protestanten zum „Heinz von Wolfenbüttel" gemacht hatte, war verblaßt, geläutert, gesühnt. Ein protestantisch gesinnter Geistlicher hat ihm die Leichenpredigt gehalten. Es kennzeichnet die versöhnte Stimmung der Evangelischen, wenn derselbe dem „Wilden Manne" nachruft: „Hat dieser Herr und Landesfürst, wie er denn an Fleisch und Blut auch ein Mensch gewesen, wie wir alle sind, in seiner Jugend oder sonsten dem Fleisch nachgehänget und durch menschliche Blödigkeit und Schwachheit des Fleisches gestrauchelt und gesündigt, so hat ihn Gott wiederum wohl gepanzerfeget, gestäupet und gezüchtigt, hat ihm Unglück und Widerwärtigkeit genug zugeschickt, hat ihn von Landen und Leuten verjagen, ja auch gefänglichen halten lassen, hat auch sein Fleisch durch schwere, langwierige Krankheiten wohl martern und kreuzigen lassen, daß er's wohl wird gefühlet und oft beklaget haben und mit tiefem Seufzen und reuigem Herzen zu Gott um Gnade und Vergebung der Sünden gebeten. Und weil denn Gott des armen Sünders Tod nicht begehret, sondern will, daß er sich bekehre und lebe, so wollen wir auch nicht zweifeln, der barmherzige, gütige Gott werde auch ihrer fürstlichen Gnaden den Trost seiner Gnade nicht entzogen haben. Denn es ja gewiß ist, daß kein Sünder so groß ist, Gottes Güte und Barmherzigkeit ist viel tausend Mal größer"[113].

Anmerkungen.

1) An einer Biographie Heinrichs des Jüngern fehlt es leider noch immer. Die kleine Schrift von W. Elster, Charakteristik Heinrich des Jüngern (Braunschweig 1815), will selbst nur ein Vorläufer für eine ausführliche, aber nicht erschienene Arbeit sein. Havemanns Darstellung im 2. Bande seiner Gesch. der Lande Br. u. Lüneb. ist weder erschöpfend noch hinlänglich scharf in der Schilderung des kirchlichen und politischen Standpunktes des Herzogs. Seine Stellung zur Reformation behandelte außer Schlegel, Kirchen- und Reformationsgesch. von Norddeutschland und den Hannoverischen Staaten Bd. II (1829), ausführlich Lentz, Geschichte der Einführung des evang. Bekenntn. im Herzogtum Braunschw. (Wolfenb. 1830). — Die hier gegebene Darstellung gründet sich hauptsächlich auf Studien, deren Resultate der Verfasser in einem Aufsatze über „Die Reformation des Herzogtums Braunschweig-Wolfenbüttel unter dem Regimente des Schmalkaldischen Bundes 1542—1547" (Zeitschr. des histor. Ver. f. Niedersachsen 1868, 243—338) niedergelegt hat. Vergl. auch den Vortrag „Heinrich d. J. und die Reformation" in des Verfassers Lebens- und Charakter-Bildern (Wolfenbüttel 1881).

2) Anderer Abdruck der Verantwortung des Kurfürsten Johann Friedrich von Sachsen gegen Herzog Heinrich d. d. Torgau, Mittwoch nach Pfingsten 1540, abgedruckt bei Hortleder, Handlungen und Ausschreiben von den Ursachen des deutschen Kriegs Th. I. Buch IV, Kap. 9, § 61.

3) J. J. Müller, Historia von der evang. Stände Protestation und Augsburger Conf. (Jena 1705) 655, 835.; Salig, Hist. v. d. Augsb. Conf. (3 Bde., Halle 1730—35) I, 221. 325; Seckendorf, Hist. Lutheranismi (Ed. II, Lips. 1694) II, § 78, add. o; Luthers Briefe von de Wette IV, 70; Th. Kolde, Analecta Lutherana (Gotha 1883) 133.

4) Rehtmeyer, Kirchenhistorie der Stadt Braunschweig III, 9; Luthers Werke, Altenb. Ausg. II, 79, Walchs Ausg. XV, 2622 f.

5) C. R. Seidemann, das Dessauer Bündnis vom 26. Juni 1525, in der Zeitschr. f. d. hist. Theol. XVII (1847), 638 ff.

6) Havemann II, 224; Hortleder Th. I, B. IV, Kap. 7, § 86; Ranke, Deutsche Gesch. im Zeitalter der Ref. IV, 113.

7) Die Verträge zwischen Heinrich und dem Landgrafen bei Hortleder Th. I, B. IV, Kap. 7; vergl. Havemann II, 222. Über die Würtembergische Angelegenheit überhaupt vergl. die betreffenden Abschnitte bei

v. Rommel, Philipp der Großmütige, Landgraf v. Hessen (3 Bde., Gießen 1830); Hayd, Ulrich Herzog zu Württemberg (3 Bde., 1841—44): Wille, Philipp der Großmütige und die Restitution Ulrichs von Wirtemberg (Tübingen 1882).

8) v. Rommel, Philipp der Großmütige, Landgraf von Hessen I, 345. 373. 374.

9) v. Liliencron, die histor. Volkslieder der Deutschen IV, 270.

10) Der sogenannte „Fürstentag" zu Braunschweig war auf den Sonntag Oculi (24. März 1538) zusammengerufen, vergl. Rehtmeyer, Kirchenhistorie der St. Br. III, 121. Die Verweigerung des freien Geleits wird in den Beschwerdeschriften der schmalkaldischen Fürsten gegen Herzog Heinrich, die sich bei Hortleder Th. I, Buch IV abgedruckt finden, bis zum Überdruß besprochen. Vergl. auch Havemann II, 223 f.

11) Hortleder Th. I. B. IV, Kap. 2.

12) Hortleder Th. I. B. IV, Kap. 3.

13) Die Leichpredigt des Petrus Ulner von Gladbach, Abts des Kaiserlichen freien Stifts zum Berge vor Magdeburg (Wolfenbüttel 1568 in 4°) findet sich in der Herzogl. Bibl. zu Wolfenbüttel, auch in der an älteren Drucken sehr reichen Gymnasialbibliothek zu Holzminden. Die Stelle steht H. 2.

14) Ranke, deutsche Gesch. im Zeitalter der Ref. IV, 190. — Wäre die schwere Anschuldigung, welche der ultramontane Historiker Janssen in seiner Geschichte des deutschen Volkes seit dem Ausgange des Mittelalters Bd. III (8. Ausg. Freiburg i. Br. 1883) S. 446. 504 gegen die sittliche Reinheit des Kurfürsten vorbringt, begründet, so würde es absolut unbegreiflich sein, wie die in jener Zeit nimmer ruhende Klatschsucht sich einen so willkommenen Stoff hätte entgehen lassen sollen. Hier wäre wahrlich eine Kritik der Quellen am Platze gewesen, ehe Janssen es versuchte, das bis dahin unangefochtene Urteil der Zeitgenossen und der Nachwelt umzustoßen. Die S. 446 mitgeteilte Bezichtigung seitens des Landgrafen stammt aus einer Zeit, in welcher derselbe gegen seinen Verbündeten im höchsten Grade verstimmt war und nach jedem Anlaß griff, um die ihm wegen seiner Fleischeslust gemachten Vorwürfe erwidern zu können. Es ist doch mindestens sehr gewagt, auf eine so vereinzelte und in so gereiztem Gemütszustande gelegentlich hingeworfene Äußerung eines in sittlicher Hinsicht laxen Gewährsmannes sein Urteil zu gründen. Nicht besser steht es mit der von den Zeitgenossen offenbar gar nicht beachteten Skandalnotiz eines Flugblattes aus dem J. 1545, die Janssen S. 504 mit dem Zusatze „wenn sie begründet ist" ans Tageslicht zieht. Er ist über die Berechtigung der schweren Anklage selbst zweifelhaft und trägt doch kein Bedenken, sie mit Behagen in die Welt zu schleudern. Sapienti sat! Semper aliquid haeret.

15) Die Trauung fand zu Rothenburg an der Fulda statt. Köstlin, Martin Luther. Sein Leben und seine Schriften (Elberfeld 1875) II, 513 giebt als Tag der Trauung den 3. März an, während der 4. März das

richtige Datum ist. Vergl. M. Lenz, Briefwechsel Landgraf Philipps des Großmütigen von Heffen mit Bucer I. (Publikationen aus den K. Preuß. Staatsarchiven V. Leipz. 1880) S. 334. — Über den Charakter des Dionysius Melander vergl. Köstlin II, 316 f. 318. 469. — Wie die Doppelehe des Landgrafen von dem Standpunkte des evangelischen Christentums zu beurteilen sei, zeigt Köstlin, Martin Luther II, 468 ff. und namentlich in seiner neuesten Schrift: Luther und Janssen, der deutsche Reformator und ein ultramontaner Historiker (Halle 1883) S. 51 ff.

16) Das geschichtliche Material über Eva von Trott ist am ausführlichsten zusammengestellt von H. v. Strombeck in der Zeitschr. des Harzvereins f. Gesch. und Altertumskunde, 2. Jahrg. 1869, Heft 3. S. 11 ff. Vergl. Havemann II, 231 ff.

17) Luthers Briefe von de Wette V, 309. 372. Vergl. besonders die auch in der Herzogl. Bibl. zu Wolfenbüttel vorhandene Flugschrift „Newe zeitung von Rom, Woher das Mordbrennen kome? 1541", abgedruckt bei Schade, Satiren und Pasquille aus der Reformationszeit (3 Bände, 2. Aufl. Hannover 1863) I, 210 ff. Die weiteren Nachweisungen bei de Wette VI, 570, Anm. 5; Burkhardt, Luthers Briefwechsel 363.

18) Die Streitschriften der Fürsten sind abgedruckt bei Hortleber im 4. Buche des 1. Theils. Derselbe hat aber, wie er selbst in der Vorrede sagt, die ehrenrührigen Ausdrücke der „abscheulichen Schmach-, Injurien- und Famosschriften" so viel wie möglich „als ein rechtes Unkraut ausgejätet, weggeworfen und ausgetilgt". Um den Ton der Streitschriften kennen zu lernen, ist die Durchsicht der Originaldrucke notwendig. Die Herzogl. Bibl. zu Wolfenbüttel besitzt davon eine sehr reiche Sammlung. Vergl. auch Prauns Bibliotheca Brunsvico-Luneburg. (Wolfenb. 1744) S. 224 f.

19) Chytraei Chron. Sax. II, lib. XV, p. 306; Seckendorf III, 69, add. 2.

20) Kolde, Analecta Lutherana 377.

21) Luther erwähnt am 13. Oktober 1539 eine den Mord des Doktors Dellingshausen betreffende „Neue Zeitung", de Wette V, 209, am 10. November 1540 Cyclopis furiosi scriptum contra Brunsvicensem, de Wette V, 313. Die zuletzt erwähnte Schrift könnte sein: „Der Mordtbrennner Zeichen und Losunge, etwa bey drey hundert vnd vierzig ausgeschickt", abgedr. bei Hortleber Th. I, B. IV, K. 13. Vergl. de Wette VI, 570, Anm. 5.

22) Die Wolfenbüttler Bibliothek besitzt von einem nicht weiter bekannten Dichter:
ELEGIA | QVANTA DAEMO- | NIS IN PIOS SAEVITIA, QVAN | ta uicissim in impios Tyrannos ira sit, | exemplo Henrici Iunioris Ducis | (olim) Brunsuicensis | ostendens. | M. Christophorus Copehenus Erphurdianus. | 3 Distichen: Bella canant u. s. w. — 1 Bogen II. 8°, letzte Seite leer, o. O. u. J. (1542).

Fünf Distichen dieser Elegie hat Burkard Waldis auf das Titelblatt seines Reimgedichts vom Wilden Mann gesetzt, vergl. Anm. 87 und besonders Kolbewey, Burkard Waldis' Streitgedichte gegen Heinrich d. J. (Halle 1883) S. 25. In der Wernigeröder Bibliothek Ri. 278 Nr. 14 befindet sich ein 14 Distichen umfassendes Gedicht auf den mißhandelten Dellingshausen: EPITAPHIVM | CVNRADI DILLINGSHVSEN EM- beccensis, Iurisconsulti, interfecti ab Henrico | Brunsuicensi tyranno. — Quartblatt, nur auf einer Seite bedruckt, o. O. 1542.

Ferner sind der Expostulation Satanae (Anm. 36) und dem dagegen erlassenen Dialogus (Anm. 66) Epigramme eingefügt, die davon zeugen, daß es weder auf seiten des Landgrafen noch des Herzogs an Gelehrten gefehlt hat, die sich auf die Verfertigung lateinischer Spottverse wohl verstanden. Ebenso ist dem Sylaon des Burkard Waldis ein lateinisches Epigramm beigegeben, vergl. Kolbewey, Burkard Waldis S. 23, und ein Reimgedicht aus dem Jahre 1545 (Anm. 99) hat deren sogar zehn aufzuweisen.

23) Der Wolfenbüttelsche Reim und das Contrarium sind hier unter Modifizierung der Orthographie aus einer gleichzeitigen handschriftlichen Aufzeichnung der Herzoglichen Bibliothek zu Wolfenbüttel (ohne Nummer in 4°) mitgeteilt. Aus derselben Handschrift sind die Bruchstücke des Contrareims entnommen. Eine andere mehrfach abweichende Handschrift dieser drei Gedichte findet sich in der Stadtbibliothek zu Hannover, nach welcher sie abgedruckt sind in der Zeitschr. des hist. Ver. f. Niedersachsen 1852, S. 154 f.

24) Havemann II, 281.
25) v. Liliencron IV, 596.
26) Havemann II, 35.
27) v. Liliencron III, 301.
28) Havemann II, 219.
29) De Wette V, 273.
30) v. Liliencron IV, 176 Anm. Der Dialog ist vorhanden in der Herzogl. Bibl. zu Wolfenbüttel. Von Melanchthon wird Konrad Braun ein Sykophant, von Cruciger ein homo veterator et vafer genannt. Corpus Reformatorum IV, 1163. 1184. Die Auszüge bei Janssen, III, 375 genügen nicht zur Charakteristik der bei Hortleber (erst in der 2. Auflage von 1645, Th. I, Bd. I, Kap. $^{XXXII}_{XXXII}$, nicht in der ersten von 1617) abgedruckten Schrift.

31) Abgedruckt in der Zeitschr. des hist. Ver. f. Niedersachsen 1850, S. 1 ff.; bei Schade, Satiren und Pasquille aus der Reformationszeit (3 Bde., 2. Aufl., Hannover 1863) I, 48 ff.; in Scheible, Schaltjahr IV, 657; bei v. Liliencron, IV, 176. Amsdorf wird als Verfasser genannt von Goedeke, Grundriß S. 265, § 141, No. 161. Vergl. Weller, Annalen der poetischen National-Literatur der Deutschen I, 34; II, 501, wo das Jahr zu berichtigen ist.

32) Quadruplik des Herzogs gegen den Kurfürsten vom 31. Mai 1541. Bogen M 4 b.

33) Abgedruckt bei v. Lilien cron IV. 179 ff. Vergl. Weller. Annalen I. 35; II. 501. Vorhanden auch in der Herzogl. Bibl. zu Wolfenbüttel.

34) Corp. Ref. IV. 150. 151.

35) Evangelische, Brüderliche, getrewe vnterrichtung, durch Meister Justinum warsager Nachrichtern zu Warheits- | brim, inn einem Sendbrieffe, | dem Landgrafen von Hessen beschehen, belangendt, enthal tung des viertelmessigen Ver reterischen fleisch Böswichts, Hansen Kochs, vnd andere vnthaten, damit dersel- big Landgrafe be- | schreiet vnd be- | rüchtigt ist. 1541. — 1 Bogen in 12⁰, o. O. 1541, letzte Seite leer. — Herzogl. Bibl. zu Wolfenbüttel.

Schon in seiner gegen den Kurfürsten und Landgrafen gerichteten Schrift vom 24. November 1539 hatte der Herzog über Kochs Aufnahme Beschwerde geführt (Hortleder Th. I. Bd. IV, Kap. 6), und Koch hatte sich gegen die ihm gemachten Vorwürfe in einer besondern Schrift vom Freitag nach Jubilate 1540 verteidigt (Hortleder, Th. I, Bd. IV. Kap. 8). Auch auf den Sendbrief des Justinus Warsager verantwortete er sich in einem an den Landgrafen gerichteten Schreiben vom Sonnabend nach Lätare (2. April) 1541 (Hortleder Kap. 21). — Am 1. März 1541 schreibt Cruciger von Wittenberg an Menius (Corp. Ref. IV. 112): Visus est hic paucarum pagellarum libellus editus ficto nomine, sed auctore minime dubio. Justinus Warsager carnificem se adpellat Landgravii ministrum: scribit ad suum dominum et ornat eum laudibus περὶ τῆς δυναμίας καὶ ἀναβαπτισμοῦ et aliis, quae horrendum est audire, et minatur adhuc atrociora. O tempora, o seculum! Eo ventum est, ut inimici principis sua scelera mundo palam occinant, quae praestabat obruta esse sempiternis tenebris.

36) In der Herzogl. Bibl. zu Wolfenbüttel befinden sich drei verschiedene Ausgaben des interessanten Pamphlets, zum Teil in mehreren Exemplaren:

A. Expostulation vnd straffschrifft Satane des | Fürsten dieser welt, mit | Hertzog Heintzen von | Braunschweig, seinem ge- | schworen diener vnd lieben getrewen, das er sich vnbil- liger weise, in der person eins Diephenckers wider | den Landtgrauen, nicht one merckliche nachteil seines | Reichs, mit vnge- | schicktem liegen | eingelassen habe. — 14 Bl. in 4⁰, letzte Seite leer, o. O. 1541, reiche Randverzierung des Titelblattes. Am Ende: Gedruckt in VTOPIA.

B. Expostulation vnd | straffschrifft Satane des Für- | sten dieser welt, mit Hertzog | Heintzen von Braunschweig, seinem geschworen diener vnd | lieben getrewen, das er sich vn- | billicher weise, in der person eins Diephenckers wider | den Landtgrauen, nicht one merckliche nach- teil, seines Reichs, | mit vngeschicktem | liegen eingela- ssen habe. Gedruckt in VTOPIA. — 14 Bl. in 4⁰. letzte Seite leer, o. O. 1541, fast dieselbe Randverzierung wie bei Ausgabe A. Am Ende: Gedruckt in VTOPIA.

C. Expostulation vnd straffschrifft Sa | tane des Fürsten diser welt mit Her | tzog Heintzen von Braunschweig, seinem geschworen | diener vnd lieben getrewen, daß er sich vnbillicher weise, in der person eins Liebhenckers wider den Landtgrauen, nicht one mercklich nachteil seins reichs, mit vngeschicktem liegen eingelassen habe. Gedruckt in VTOPIA. — 12 Bl. in 4°. zweite Seite des Titelblattes bedruckt, o. O. 1541.

37) Luther schreibt über diese Flugschrift an Melanchthon am 2. Ostertage (18. April) 1541 (de Wette V. 313 f.): Editus est libellus sub nomine Satanae ad Mezentium (Herzog Heinrich von Braunschweig), reprehendentis eum, quod non simulantius et tectius mentiatur et insaniat. Sed pulcherrimum poema hoc incipit agere, ut causam Landgravii notam vobis, si qua esset, defendi posse publice glorietur, tamen interim consistat in negando. Ille Melsingen nebulo tam bona sua dicta difficilius quam flammam in ore suo retinet. Daß Luther das in Prosa abgefaßte Pamphlet ein poema nennt, darf nicht auffallen. Herzog Heinrich nennt auch die voluminöse Schrift des Kurfürsten vom 4. April 1541 in seiner Quadruplik vom 30. Mai desselben Jahres ein „Schandgedicht". Die von de Wette a. a. O. und Burkhardt, Briefe Luthers S. 377 angeführten Schriften sind von Luther jedenfalls nicht gemeint.

Die Epostulation ist der erste Versuch, die Bigamie des Landgrafen zu rechtfertigen. Das interessante Büchlein wird von dem Verfasser eingehender besprochen in einem der demnächst erscheinenden Hefte der Theol. Studien und Kritiken, Jahrg. 1884. Bald nach der Expostulation erschien unter dem Pseudonym Hulderich Neobulus eine denselben Gegenstand in eingehender Weise behandelnde Flugschrift desselben Pfarrers Lening: „Dialogus, das ist ein freundliches Gespräch zweier Personen, ob es göttlichem, natürlichem, kaiserlichem und geistlichem Rechte gemäß oder entgegen sei, mehr denn ein Eheweib zugleich zu haben". Vergl. Köstlin, II. 519.

38) de Wette, V. 171. 271. 272. 273. 766; Corp. Ref. III. 824. 838. 1065. 1081; IV. 112. 168. 142. 144 u. öfter. Vergil erwähnt den Contemptor divom Mezentius Aen. VII, 648: X. 689.

39) Corp. Ref. III, 1093. 1126 f. 1231; de Wette, V. 309. 314. 322. 415. VI. 570 Anm. 5; Burkhardt 363.

40) Es ist die Duplik des Herzogs, datiert von Dienstag nach Omnium Sanctorum 1540. Der alte Druck trägt die Jahreszahl 1541. Allem Anschein nach ist sie erst nach Beginn des Jahres 1541 in Wittenberg bekannt geworden, vielleicht erst im Februar. Abgedr. bei Hortleder, Th. I, B. IV. Kap. 16. Die auf Luther bezügliche Stelle findet sich bei Hortleder in § 3.

41) Abgedruckt in Luthers Werken, Erl. Ausg. XXVI. 1; Wittenb. XII. 310; Altenb. 443; Jen. VII. 417; Leipz. XXI. 374; Walch XVII, 1645. Vor wenigen Jahren ist das Pamphlet neu gedruckt in der bei Velhagen und Klasing erscheinenden Sammlung klassischer Werke der deutschen Litteratur für Bücherfreunde und als No. 28 der von W. Braune herausgegebenen Neudrucke deutscher Litteraturwerke (Halle, Niemeyer). Der letztgenannten Ausgabe hat J. K. F. Knaake eine Einleitung vorausgeschickt, welche schätzenswerte litteraturgeschichtliche Nachweise enthält. Von den

Ausgaben des Jahres 1541 ist dem gelehrten Lutherkenner ein Marburger Nachdruck, welcher sich in der Herzogl. Bibliothek zu Wolfenbüttel befindet, entgangen:

Wider Hans Worst. D. Martinus Luther. | Getruckt zu Marpurg. | M.D.XLI. — Bogen A—M 4º, letzte Seite leer.

42) de Wette VI, 281.

43) Vergl. die Einleitung von Knaake in dem in Anm. 41 erwähnten Neudrucke.

44) Die Stellen finden sich im Original der Quadruplik vom 31. Mai M 2ᵇ, M 1ᵇ und M 4.

45) In Joan. Sleidani de statu religionis et reipublicae Carolo Quinto Caesare Coment. lib. XIII heißt es von Luthers Schrift: liber admodum vehemens; Lutherus acerrime respondet.

46) Janssen III, 496.

47) Corp. Ref. IV, 149: Liber tuus contra Mezentium hic avidissime legitur.

48) Corp. Ref. IV, 650 f.

49) Vergl. Knaakes Einleitung zu dem Neudruck (Halle 1880) und oben Anm. 41.

50) Schade, Satiren und Pasquille I, 93 f.

51) de Wette VI, 281.

52) de Wette V, 342.

53) de Wette V, 345.

54) Vergl. Erl. Ausg. 63, 366; de Wette V, 452. 454. 548 und sonst.

55) Havemann II, 230, wo leider die Quelle nicht angegeben ist.

56) Der ultramontane Historiker Janssen benutzt Luthers Pamphlet, um dem Zerrbilde, das er von dem Reformator entwirft, einen neuen verunstaltenden Pinselstrich hinzuzufügen. Auf S. 495 des 3. Bandes seines bekannten Geschichtswerkes läßt er sich vernehmen: „Unter dem Titel ‚Wider Hanswurst' hatte Luther gegen den Herzog eine Lästerschrift veröffentlicht, welche bei Vielen Zweifel erregte, ob der Verfasser ‚noch bei gesundem Verstande' sei". Da Janssen nicht sagt, wo die Vielen, die an Luthers Zurechnungsfähigkeit zweifelten, zu suchen sind, so muß es einstweilen dahin gestellt bleiben, ein wie großes Gewicht auf die Stimmen seiner Gewährsmänner zu legen ist. Daß er selbst im Ernst die Zweifel derselben teilen sollte, läßt sich bei seiner genauen Kenntnis des 16. Jahrhunderts und der groben Redeweise desselben, bei seiner Einsicht in die Vorgänge und Thatsachen, die politische Konstellation und die bis aufs äußerste gesteigerte Verbitterung der Parteien gar nicht annehmen. Was soll man aber von einem Historiker sagen, der „bei gesundem Verstande" ist und trotzdem eine derartige unbegründete Insinuation über ihren größten Sohn der deutschen Nation ins Angesicht schleudert?

57) Von diesem Pamphlet sind noch drei Ausgaben vorhanden: A. Newe

Zeitung. | Zween Sendbrieff, An Hansen Worst, zu Wol= | ffenbüttel geschrieben. | Der Erste. ' Vom Lucifer. | Der Ander. ' Vom Diebhencker zu Wolffenbüttel. | Prouerbiorum XI. | Wer da guts sucht, dem wi= | derferet guts. | Wer aber nach vnglück rin= | get, Dem wirds begegnen. 2½ Bogen in 4°, letzte Seite leer, reiche Titeleinfassung. Am Ende: Gedruckt zu Wolfenbüttel, | nach Christi geburt, Im | M. D. X. C. | — Herzogl. Bibl. zu Wolfenbüttel. — B. Newe Zeitung. Zween Sendbrieff, | An Hansen Worst, zu Wol= | ffenbüttel geschrieben. | Der Erste. ' Vom Lucifer. | Der Ander. Vom Diebhencker zu Wol= ffenbüttel. Prouerbiorum XI. Wer da guts sucht, Dem wi= | derferet guts, ' Wer aber nach vnglück rin= | get, Dem wirds begegnen. — 2½ Bogen in 4°, letzte Seite leer, dieselbe wie bei A. Am Ende: Gedruckt zu Wolffenbüttel, nach Christi geburt, Im | M. D. X. C. — Andere Ausgabe wie A, aber aus derselben Druckerei. — Herzogl. Bibl. zu Wolfenbüttel. — C. Newe Zeitung. | Zween Sendbrieff, | An Hansen Worst, zu Wolffenbuttel ge= | schrieben. | Der Erste. | Vom Lucifer. | Der Ander. Vom Diebhencker zu Wolffenbuttel. | Prouerbiorum XI. | Wer da guts sucht, Dem widerferet guts, | Wer aber nach vngluk ringet, Dem wirds ' begegnen. Anno XLI. — 2½ Bogen in 4°, letzte Seite leer, o. O., am Ende keine Bemerkung wegen des Druckortes. — Herzogl. Bibl. zu Wolfenbüttel; Stadtbibliothek zu Hannover; Wernigeröder Bibl. In. 865. — In einem handschriftlichen Verzeichnis der Wolfenbüttelschen Bibliothek aus dem vorigen Jahrhundert, die dort vorhandenen Spottgedichte wider Herzog Heinrich d. J. enthaltend, wird noch eine vierte Ausgabe notiert: „Gedruckt zu Wittenberg durch Geo. Rhaw". Dieselbe ist jedoch nicht aufzufinden. Der Brief des Lucifer ist datiert: Geben in vnserm hellischen Schlosse den ersten tag Marcij, vnsers Reichs im 1541. jar, der des Diebhenkers: Geben eilent zu Wolffenbuttel am Montag nach Iudica im XLj jar. Vom letztgenannten Tage (4. April) ist auch die Schrift des Kurfürsten gegen Herzog Heinrich datiert.

58) Abgedruckt in der Zeitschr. d. hist. Ver. f. Niedersachsen 1850 S. 25 ff.; bei Schade I, 80 ff. Vergl. Weller, Annalen I, 34, Nr. 159. II, 501; v. Liliencron IV, 174. Das Jahr ist jedenfalls 1541.

59) Äußerung des in Regensburg weilenden Frankfurtischen Gesandten v. Glauburg vom 18. Mai, bei Janssen III, 495.

60) d. d. Freitag nach Esto mihi, den 4. März, gedruckt zu Marburg und vollendet am 12. März 1541, abgedr. bei Hortleder, Th. I, B. IV, Kap. 19.

61) Hortleder, Th. I, B. IV, Kap. 22.

62) Corp. Ref. IV, 266.

63) Corp. Ref. IV, 144. 149. 258. 265 f. 269.

64) Corp. Ref. IV, 149. 183. 269.

65) Corp. Ref. IV, 183. Cruciger schreibt am 22. April an Luther: Mezentius hic dicitur ingentes tragoedias movere apud Caesarem de scriptis adversus eum libellis et nescio quid adversus te parare ac quaesivisse, ut hic exenderetur, quod tamen non permittet Caesar.

66) DIALOGVS oder gespräch wider ein vermeinte vngeschickte expostulation oder straffschrift Satanae des Fürsten dieser welt, mit Herhogen Heinrichen zu Braunschweig aus beuelch des Landgrauen zu Hessen gehalten. A. D. XLI. — Bog. A — E 1º. — Die Herzogl. Bibl. zu Wolfenbüttel besitzt zwei verschiedene Ausgaben des Pamphlets.

67) Die „drei neuen lustigen Gespräche" sind abgedruckt in der Zeitschr. d. hist. Ver. f. Niedersachsen 1850, S. 51 ff.; bei Schade I, 99 ff. Vergl. v. Liliencron IV, 173 Anm.; Weller, Annalen I, 33, Nr. 151. Auf dem Titel steht: Reimweis aus dem Latein ins Deutsch geben. Es ist aber, wie Schade mit Recht bemerkt, bei der Selbständigkeit der Sprache schwer glaublich, daß hier eine Übersetzung vorliegt. Daß das interessante Pamphlet schon zur Zeit des Reichstags erschienen sei, läßt sich zwar nicht direkt beweisen, ist aber in hohem Grade wahrscheinlich.

68) z. B. Corp. Ref. IV, 833, V, 562, 575, 876 und sonst. Auch Arcas nennt ihn Melanchthon Corp. Ref. V, 876 mit Beziehung auf den arkadischen Tyrannen Lykaon. Vergl. das Gedicht von Burkard Waldis: „Wie der Lykaon von Wolfenbüttel in einen Mönch verwandelt ward" bei Koldewey, B. Waldis' Streitgedichte S. 15 ff.

69) Quadruplik des Herzogs vom 31. Mai 1541 Bogen B 2ᵇ. Auch bei Hortleder Th. I, B. IV, Kap. 32, § 3.

70) Havemann II, 234.
71) Bei Janßen III, 493.
72) Corp. Ref. IV, 630.
73) Corp. Ref. IV, 878; Ranke IV, 283 (1. Ausg.).
74) de Wette V, 493 f. 494 f.
75) v. Liliencron IV, 184.
76) v. Liliencron IV, 182.
77) v. Liliencron IV, 188.
78) v. Liliencron IV, 195.
79) Abgedruckt bei O. L. B. Wolff, Sammlung historischer Volkslieder und Gedichte der Deutschen (Stuttg. und Tüb. 1830) S. 123; bei Schade I, 54 ff.; in der Zeitschr. d. hist. Ver. f. Niedersachsen 1850, S. 91 ff. Vergl. v. Liliencron IV, 175 Anm.; Weller, Annalen I, 35, II, 501. Außer den drei bei v. Liliencron verzeichneten Ausgaben befindet sich in der Wolfenbüttler Bibliothek eine vierte, die sich von C bei v. Liliencron nur sehr wenig unterscheidet, aber unzweifelhaft als besondere Ausgabe sich erkennen läßt. Die Wernigeröder Bibl. besitzt Ri. 278 Nr. 18 eine den Verbau völlig umgestaltende und gegen den Schluß durch einen selbständigen Zusatz erweiterte Umarbeitung:

Ein lustig gespräch | Der Teuffel vñ etlicher Krigs leute, Von der Flucht des grossen Schar- | hansen Hertzog Heinrichs von Braunschweig ꝛc. Jnhalt. 4 Reimpaare: Lucifer mit seinem Heer ꝛc. — 3 Bogen 4º, o. D. u. J., Rückseite des Titelblatts und letzte Seite leer.

80) v. Liliencron IV, 187.

81) Abgedruckt in der Zeitschr. d. hist. Ver. f. Niedersachsen 1850, S. 11 ff. Vergl. v. Liliencron IV, 174; Annalen I, 35.

82) Es ist die bei v. Liliencron IV, 174 A. unter Nr. 9 angeführte „Wahrhafftige Zeitung ꝛc.". Abgedruckt in der Zeitschr. d. hist. Ver. f. Niedersachsen 1850, 7 ff.; bei Schade I, 77 ff.; bei Wolff S. 115. Außer den drei bei v. Liliencron verzeichneten Ausgaben besitzt die Wernigeröder Bibliothek Hi. 278 Nr. 3 eine den Versbau ändernde und auch die Gedanken verschiebende Umarbeitung:

Von der wunder= barlichen Erobe= rung des festen Schlosses Wolffen= büttels, vnd gantzen Landes, des von Braunschweig. D.M.XLII. — 4 Bl. 4", o. O. 1542, Rückseite des Titelblattes und letzte Seite leer.

83) v. Liliencron IV, 198 f.

84) v. Liliencron IV, 197.

85) v. Liliencron IV, 192.

86) Abgedruckt in der Zeitschr. d. hist. Ver. f. Niedersachsen 1850, S. 20 ff.; bei Schade I, 68 ff.; vergl. v. Liliencron IV, 175 A. Nr. 12; Weller, Annalen I, 34. II, 501.

87) Über Burkard Waldis hat die vorhandenen Nachrichten am voll= ständigsten zusammengestellt G. Milchsack, Burkard Waldis (Halle a. S. 1881). Das Schriftchen ist als Ergänzungsheft erschienen zu Nr. 30 der Neudrucke deutscher Litteraturwerke des 16. und 17. Jahrhunderts. Die vier Streit= gedichte Burkards gegen Herzog Heinrich hat der Verfasser kürzlich mit einer Einleitung als Nr. 46 derselben Sammlung herausgegeben.

88) v. Liliencron IV, 289 f. Das Lied wird am passendsten in das Jahr 1542 gesetzt, nicht wie v. Liliencron will, in das Jahr 1545.

89) Über die unerfreulichen Zustände des Herzogtums zur Zeit der Schmal= kaldischen Occupation vergl. Koldewey, die Reformation des Herzogtums Br.-W. unter dem Regimente des Schmalkaldischen Bundes, in der Zeitschr. des hist. Ver. f. Niedersachsen. Jahrg. 1868, S. 213 ff. — Die Äußerung Luthers bei de Wette V, 495 f.

90) Janssen III, 526.

91) v. Rommel, Philipp der Großmütige III, 114.

92) Burkhardt 433 ff.

93) Eyn wunderbarlich, sel= tzam vnd new geburt deß Babylonischen alten, vnd jtzundt newen Waldt-Ochsen, im Hertzogthum Braunschweig ge= born, Sampt dem Summario seiner | volbrachten enthaten, vnd ertzelten handlung vor Kaif. M. Chur F. vnd Fürsten, vnd Ständen deß Reichs zu Speier gethan, An. M. D. X liiij. Auff Sambstag den fünften Aprilis. Holzschnitt. Darauß ein jede Oberhandt, Weß sie sich zu jrem Ober Lehen herren zuuer hen, Auch den größten vrsacher, vnd warum mancher herr auß sein Landt vertri ben sein muß, Vnd wie er on alle waffen, auß dem trewen rath Danielis deß Pro | pheten, vnd Nebucad Nezars deß königs Babylonie, wider einkommen sol, wol erlernen mag. Dan. iiij. — Die Vorrede ist unterzeichnet Durch Vocazium Danielem Leonium. — O. O.

(1511). 8 Bogen 4°, auf dem Titel ein, auf der letzten Seite zwei Holzschnitte. — Herzogl. Bibl. zu Wolfenbüttel; Werniger. Bibl. Ri. 278 No. 23.
94) v. Liliencron IV, 266 ff. Der Vergleich Luthers mit einem Eberschwein ist eine Reminiscenz aus dem Anfang der päpstlichen Bannbulle, Köstlin I, 379.
95) Corp. Ref. V, 415. 541.
96) Koldewey die Reformation rc. S. 318; Havemann II, 247 ff.
97) Hortleder Th. I, B. IV, Kap. 51. 53. 54.
98) So auf dem Originaltitel der bei Hortleder, Th. I, B. IV, Kap. 54 mit Weglassung der Vorrede abgedruckten Zeitung. Das Original in Wernigerode Ri. 278, No. 25.
99) Abgedruckt in der Zeitschr. des hist. Ver. f. Niedersachsen, 1850, S. 103 ff. In der Wolfenbüttler Bibliothek ist noch ein bisher ungedrucktes Reimgedicht aus dem J. 1545 vorhanden, das bei einer demnächst zu veranstaltenden Gesamtausgabe der Flugschriften wider und für Heinrich den J. mitgeteilt werden wird.
100) v. Liliencron IV, 274.
101) v. Liliencron IV, 278.
102) Corp. Ref. V, 866.
103) Corp. Ref. V, 864: Non nunc dimicabitur de illis Lycaoniis exuviis, sed περὶ καταστάσεως ἁπασῶν ἐκκλησιῶν etc.
104) de Wette V, 764.
105) v. Liliencron IV, 279 f.
106) Das hübsche bisher nicht bekannte und von v. Liliencron IV, 265 Anm. vergebens gesuchte Lied (vergl. Weller, Annalen I, 39 Nr. 181) befindet sich in der Wernigeröder Bibliothek Ri. 278 Nr. 28. Es wird hoffentlich demnächst an einer andern Stelle veröffentlicht werden können. Der Titel lautet:
Ein New Lied | von der Niderlage Hertzog | Heinrichs von Braunschweig. Jnn dem Thon, Die ' Sonn ist vns | verblichen. ' 1545. | Holzschnitt. — 4 Bl. 8°, o. O. 1545, Rückseite des Titels bedruckt, letzte Seite leer.
107) v. Liliencron IV, 279.
108) Abgedruckt bei de Wette VI, 385 ff.; vergl. Burkhardt 482; Kolde 419 f., 421 ff.
109) Lenz, Einführung des evang. Bek. rc. S. 144 f.
110) Havemann II, 256.
111) Havemann II, 279.
112) Hortleder Th. I, B. IV, Kap. 55.
113) Petrus Ulners Leichpredigt H 2.

Halle, Druck von G. Karras.